口才智慧

KOUCAI ZHIHUI

赵飞◎编著

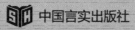
中国言实出版社

图书在版编目（CIP）数据

口才智慧／赵飞编著. —北京：中国言实出版社，
2017.4

ISBN 978-7-5171-2223-4

Ⅰ.①口… Ⅱ.①赵… Ⅲ.①口才学-通俗读物
Ⅳ.①H019-49

中国版本图书馆 CIP 数据核字（2017）第 015541 号

出 版 人：王昕朋
总 监 制：朱艳华
责任编辑：郭江妮

出版发行　中国言实出版社
　　　　　地　　址：北京市朝阳区北苑路 180 号加利大厦 5 号楼 105 室
　　　　　邮　　编：100101
　　　　　编辑部：北京市海淀区北太平庄路甲 1 号
　　　　　邮　　编：100088
　　　　　电　　话：64924853（总编室）　　64924716（发行部）
　　　　　网　　址：www.zgyscbs.cn
　　　　　E-mail：zgyscbs@263.net
经　　销　新华书店
印　　刷　北京紫瑞利印刷有限公司
版　　次　2017 年 1 月第 1 版　2018 年 8 月第 2 次印刷
规　　格　710 毫米×1000 毫米　1/16　16 印张
字　　数　229 千字
定　　价　38.00元　　ISBN 978-7-5171-2223-4

序言
Preface

俗话说：一言定乾坤。语言攻获人心，便能顺畅传达自己的主张，更容易获得他人的理解、同情和帮助，受到他人的肯定和赞赏，愉快地与人合作，从而让问题得到轻易解决，让目标得以顺利达成。可以这样说，它既是你生活的调味剂、事业的推进器、家庭的和谐曲，也是你实现自我的凯旋曲。

成功人士的成功都离不开好的口才，他们用其高超的说话技巧获得人心，赢得认同，然后建立不朽的功业。拿破仑的一席话，能迅速调动军队的士气，一鼓作气取得胜利；林肯的一席话，能让反对他的政敌哑口无敌，肃然起敬。

社会节奏越来越快，机会越来越多，但同时，竞争也越来越激烈。要想在职场中脱颖而出，要想在社交中赢得人脉，要想有效整合他人的资源，要想获取事业的成功，我们越来越需要掌握口才智慧，拥有说话的艺术。

"欲善其事，必利其器"。要想拥有直击人心的说话术，离不开对古今中外相关经验的借鉴，离不开对理论和技巧的学习。而本书就为这种借鉴和学习提供了一个很好的起点。本书从实用性和科学性的角度出发，以科学理论为经，以实际事例为纬，融理论指导性与实际可操作性于一炉，积前人经验智慧和今人的艺术技巧于一体，上穷传统口才智慧的精华，下寻现代口才智慧之精萃，从浩如烟海的资料中寻找出对当代人说话有所裨益的内容，并经精心编排体例，悉心安排结构，用心修炼文字，汇编成此书，以飨读者，旨在使读者在最短的时间内通过阅读此书，能够掌握直击人心之说话技巧和能力、提高说话水平，做到说话句句说在他人心坎上，来为成功插翅，为事业奠基，为幸福添彩。

掌握口才的智慧，既是生活对我们的期望，也是事业对我们的要求；既是个人成功的保证，也是走向幸福的通途。我们没有理由不做到这一点，我们也没有借口达不到这一点。"良言一句三冬暖，恶语伤人六月寒""利刀割体痕易合，恶语伤人恨难消"，语言的力量何其巨大，藏地有句谚语说："虽无箭尖利刃语，亦能刺入人心间"，语言的重要性不言而喻，就让我们翻开此书，努力学习口才的智慧，借鉴他人经验，并运之于生活实践吧！

目 录
Contents

第1章 察言观色：摸透对方心思的口才智慧

若要成功说服他人首先须做到知己知彼，在沟通之前明白对方想听什么、爱听什么、最需要什么，这需要我们在说话时学会察言观色，揣摩对方的心理，对他人的想法和观念有一个清楚的了解，让对方心悦诚服地接受你。

第2章 有的放矢：引起对方共鸣的口才智慧

俗话说："到什么山唱什么歌，见什么人说什么话"。说话不考虑对象，等于射击不瞄准。要想把话说在别人心坎上，就必须因人而异，有的放矢，根据对象性质的不同而采取不同的说话方式，说不同的内容，这样谈话才会更具有针对性，容易引起对方共鸣。如果不因人而异地说话，就有可能是对牛弹琴，沟而不通。

第3章 投其所好：满足对方心理的口才智慧

俗话说："话不投机半句多，酒逢知己千杯少"。要想让别人对你的话语感兴趣，接受你的意见和观点，影响他人，赢得朋友，最重要的是要投其所好，从他所感兴趣的话题入手，找到他的兴奋点，在心理上满足对方，进行有效的沟通，这样做会让你事半功倍、心情愉快地解决问题、推动工作、增进了解、发展友谊。

第4章　言辞得体：让人心存好感的口才智慧

　　有礼走遍天下。要想使自己快速给人留下良好印象，有效进入对方心灵，就必须在与人交流中做到得体有礼。与人交往，语言在某种程度上其实是一种礼仪，它代表了你的修养和水平，代表了你是否把别人放在心上。因此，为了有效获取别人好感，在交往过程中，我们须做到一开口就得体有礼。

▌▌第5章 真心诚意：打开他人心门的口才智慧

精诚所至，金石为开。说话的态度一定要认真诚恳。只有当听者感受到你的诚意时，他才会信任你打开心门，接收你要表达的内容，彼此之间才能实现沟通和共鸣，达到预期的效果。如果说话少了诚意，那就失去了吸引力，如同一束没有生命力的绢花，很美丽但不鲜活动人，缺少魅力。因此，生活中的我们要学会把我们的真诚注入与人交谈的过程之中，把自己的心意传递给对方。

▌▌第6章 幽默风趣：让人心情愉悦的口才智慧

幽默是沟通人们心灵的桥梁。说话幽默风趣能引发喜悦，带来轻松，让人快乐，消除心理压力，打破尴尬局面，化解矛盾，融消冲突，获得精神上的快感，幽默以一种愉快的方式让人在不知不觉中接受你的观点，让你更具影响力和凝聚力。

第7章　以情动人：让人内心感动的口才智慧

"感人心者，莫先乎情"。人是一个情感的动物，充满感情，融入真情的语言最能打动人心。巧妙地运用充满真情的话语，可以促使说者与听者产生情感上的共鸣，可以促进交流双方的关系融洽，从而形成良好的沟通氛围；充满情感的话可以使人赢得广泛的人脉关系，为人生的成功创造有利的条件。所以我们在与他人讲话时，一定要加热语言的温度，注入情感的因素。

第8章　以理服人：让人心悦诚服的口才智慧

古人云：言必契理。言论要让人心悦诚服，必须抓住一个"理"字，明之以实，晓之以理，才能让人接受你的意见和观点。要想使自己成为一个说服高手，必须在以理服人上痛下功夫，学会摆实事、讲道理的说话艺术，培养自己"一言定乾坤"的高超言语能力。

第9章　主动赞美：让别人听了你的话如沐春风的口才智慧

希望被人赞美是人的天性。人们大都希望别人欣赏、赞美自己，希望自身的价值得到社会的肯定，因此，当我们与他人打交道的时候适当地赞美对方，使对方感受到尊重和自信，让他人如沐春风，就可以增进沟通双方的感情，在不知不觉中获得别人的好感，赢得别人的认同和支持。

■■■ 第 10 章　委婉动听：把话说到别人心窝里去的口才智慧

直话容易出口伤人，委婉让人容易接受。在讲话时不直陈本意，而是用委婉含蓄之词加以烘托或暗示，使对方舒服地听到耳里去，顺利地流到心里去，更容易产生良好的效果，达到真正说话的目的。因此，为了把话说到别人心窝里，我们说话尽量要委婉动听，直话弯话，硬话软说，尽量做到曲折含蓄。

第11章　尊重为先：互相尊重的口才智慧

俗话说：你敬人一尺，人敬你一丈。每一个人都有自尊，每一个人都有被尊重的需要，因此，与人进行沟通交流，必须把别人放在心上，处处以尊重为先，把别人的自尊放在第一位，做到善解人意，保全和维护别人的面子，这样你就能够获取别人的认同，你的意见也会被别人所接受，你的人生之路就会越走越广。

| 第1章 |

察言观色：摸透对方心思的口才智慧

若要成功说服他人首先须做到知己知彼，在沟通之前明白对方想听什么、爱听什么、最需要什么，这需要我们在说话时学会察言观色，揣摩对方的心理，对他人的想法和观念有一个清楚的了解，让对方心悦诚服地接受你。

口才智慧

猜透对方心思才能说对话◀◀◀

　　说话，要懂得什么时候说什么话；说了，还要为自己说过的话负责。因此，察言观色才能够让我们的沟通更为顺利，避免各种不必要的麻烦。

　　西汉初年，汉高祖刘邦打败项羽，平定天下之后，开始论功行赏。这可是攸关后代子孙的万年基业，群臣们自然当仁不让，彼此争功，吵了一年多还吵不完。

　　汉高祖刘邦认为萧何功劳最大，就封萧何为侯，封地也最多。但群臣心中却不服，私底下议论纷纷。

　　封爵受禄的事情好不容易尘埃落定，众臣对席位的高低先后又群起争议，许多人都说："平阳侯曹参身受七十次伤，而且率兵攻城略地，屡战屡胜，功劳最多，应当排第一。"

　　刘邦在封赏时已经偏袒萧何，委屈了一些功臣，所以在席位上难以再坚持己见，但在他心中，还是想将萧何排在首位。

　　这时候，关内侯鄂君已揣测出刘邦的心意，于是就顺水推舟，自告奋勇地上前说道："大家的评议都错了！曹参虽然有战功，但都只是一时之功。皇上与楚霸王对抗五年，时常丢掉部队，四处逃避，萧何却常常从关中派员填补战线上的漏洞。楚、汉在荥阳对抗好几年，军中缺粮，也都是萧何辗转运送粮食到关中，粮饷才不至于匮乏。再说，皇上有好几次避走山东，都是靠萧何保全关中，才能顺利接济皇上的，这些才是万世之功。如今即使少了一百个曹参，对汉朝有什么影响？我们汉朝也不必靠他来保全啊！你们又凭什么认为一时之功高过万世之功呢？所以，我主张萧何第一，曹参居次。"

　　这番话正中刘邦的下怀，刘邦听了，自然高兴无比，连连称好，于是下令萧何排在首位，可以带剑上殿，上朝时也不必急行。

　　鄂君也因此被加封为"安平侯"，得到的封地多了将近一倍。他凭着自己察言观色的本领，能言善道，舌灿莲花，享尽了一生荣华富贵。

　　孔子说："巧言令色，鲜矣仁。"但是，在这个时代，不巧言，不令色，并不能彰显你的仁德，有时反而突显你的不识时务。

人们的言与色有时是简单外露的，对它的体察是容易的；有时是复杂隐蔽的，对它的体察就比较困难。一般来说有以下几点应注意。

首先，性格定向和语言定位。社交中的察言观色，说到底是对对方言谈举止、神态表情的微妙变化及其含义进行捕捉和判断，是一个"由表及里"的过程。

性格定向和语言定位，是这个过程的第一步。

性格定向就是通过对其表情、言语、举止的观察分析，掌握其性格类型。你可以甩出一两个对方很敏感的问题，静观一下他的反应方式和程度。值得注意的是，这种观察一定要细致入微，千万不要因为对方看上去似乎毫无反应，就断定他是傻瓜，正如看了悲剧，有人流泪，有人木然，你不能说木然的人就没有被感动。在摸透了对方性格类型之后，就要设法捕捉最能反映他思想活动的典型动作和典型部位，也就是"语言点的定位"。眼、手、腿、脚、身体每一部位的肌肉，都可能是"语言点"的所在。

有些现象的含义人们是很清楚的。如腿的轻颤，多是心情悠然的表现；双眉倒竖，二目圆睁，是愤怒的特征；而微蹙眉头，轻咬嘴唇，则是思索的含义。另外还应该特别注意对方的手，尽管许多人可以巧妙地掩饰许多东西但还是存在一些普遍性的动作。如愤怒时握紧双拳，或是将纸烟、铅笔之类的东西捏坏，甚至可能两手发颤；兴奋紧张时，双手揉搓，或者不知道该把手放在什么地方；思索时，手指在桌面、沙发扶手、大腿等地方有节奏地轻敲；等等。

其次，抓住"决定性瞬间"。任何一个人，对自己神情的掩饰，都不可能达到绝对的滴水不漏。关键问题是，你在对方错综复杂的神情变化中，能否准确判明哪一个变化是有决定性的。对于机智的人来说，其弥补失误的本领也是异常高超的，他不可能让你长时间地洞悉到他的破绽。

因此，时机对你非常宝贵。至于究竟什么才是这种"决定性瞬间"的具体显现，怎样才能将其判明并抓住，那只能具体情况具体分析，凭借你的经验和感觉来定夺，无固定模式可循。

最后，主动探察。察言观色，不能理解为被动式的冷眼旁观。事实上，主动进攻，采用一定的方式、手段去激发对方情绪，才是迅速、准确把握对方思想脉络的最佳途径。这里包括以下几点：

一是闲谈探底。即在触及正题之前，漫无边际地谈些与正题无关的话，目的在于观察对方的兴趣、爱好、习惯和学识等情况，如果对方感到厌倦，那么你的

漫谈还可起到扰乱其心绪的作用。

二是施放诱饵。你可以若有若无地用一些对对方具有吸引力的话题，判断出对方的心中听想，摸清对方神情变化及心理活动的一般特点和语言点位置。

三是激将法。你可用一连串的刺激性问题，攻击对方，使其兴奋，进而失去对自己情绪的控制；你还可以做出一些高傲、看不起对方的姿态，对他的自尊造成一种威胁，激发他的情绪。

四是逆来顺受。当你没有吃透对方的脾性时，在不违反大原则的情况下，不妨先逆来顺受，等待对方暴露更多的信息，你再对症下药，对方自然会心悦诚服地接受你。

说话需揣摩对方的心理◀◀◀

给羊一把青草比给它你最爱的汉堡包更能获得它的青睐。

在美国，神学院毕业的学生，必须要到乡村教会去当一定阶段的牧师，一来可以丰富他们的工作经验，二来可以锻炼他们的韧性和毅力，为他们日后能够更好地宣传神学，更好地发展打下基础。

有一位成绩和各方面表现都十分突出的学生，从一所著名的神学院毕业后，自愿到一个以牧业为主、生活十分艰苦、人们的认识还比较落后的村庄去担任牧师。为了使那里的人们很好地接受自己，并扩大自己的影响，从而使得人们能够更好地领会神的旨意，他准备召开一个布道大会。经过紧张而又繁忙的准备之后，他的布道大会如期召开了。但令他失望的是，他等了足足一个上午，却只有一个牧童来到了会场。于是他心灰意懒，准备将布道大会取消，但为了不让牧童反感，他开始主动向牧童征询意见。结果牧童说："亲爱的牧师先生，要不要取消大会我不知道，但我知道一件事，在我所养的 100 只羊中，就算迷失了 99 只，只剩最后一只，我还是要养它。"年轻牧师顿有所悟，决定大会如期举行。牧师使出浑身解数，对这位牧童全力进行灌顶，想不到这位牧童竟然睡着了。牧师非常难过，却又不好意思叫醒牧童，结果他又等了整整一个下午。到了黄昏，牧童醒了，牧师就迫不及待地问牧童："你为什么睡着了，难道我讲得不好吗？"牧童回答说："亲爱的牧师先生，你讲得好不好我不知道，但我知道，当我在养羊的时候，绝对不会拿我最喜欢吃的汉堡给羊吃，而要拿给羊最想吃的牧草。"牧师经过一番思考，终于大彻大悟。

过了不长的时间，这位牧师成了全美国最著名的牧师。

有的人认为，这位牧师的布道大会失败了，因为他在大多数人们不需要布道大会的时候举办了布道大会，并且对唯一的一位参加者讲述了人家并不需要的内容；也有的人觉得，他的布道大会成功了，因为他明白了只有从人们的需要出发对人们进行引导，才能把神学发扬光大。事实上，正所谓"成也萧何，败也萧何"，牧师布道大会的失败在于他忽视了人们的需要，牧师后来能够成功则归功于他重视了人们的需要。

　　还是让我们回到"说"的主题上来吧。人世间有很多道理是相通的，做事需要我们考虑别人的需求，说话、交流也必须要重视他人的需要。每个人从小学起就有这样的经验，写作文，最怕的就是文不对题。"说"也是这样，最忌讳"南辕北辙"。试想，如果你是个数学老师，你却在课堂上大谈历史；面对农民，你对航天科技滔滔不绝；领导因产品销路不畅心情不好，你却对本单位的管理问题大加分析。可能你讲得很对，有时也很有道理、很有价值，但人家不需要。"对牛弹琴"的结果顶多不过是白费点力气，可你的交流对象是人，有时还是掌握你命运的上司和领导，如果你真的这样说了，后果可能就远远不是白费点嘴皮子那么简单了。

　　因此，在"说"之前，你要明白，对方想听什么、爱听什么、最需要什么，否则，说了还不如不说。也就是说，要揣摩听者的心理。

　　首先，你要清楚地了解对方的过去。当然，你不需要像一个侦探一样事无巨细，因为你需要的不是他的全部，只需留心他的日常言行，倾听周围人群的谈论，你就会对他的处世风格、性格爱好、优长缺点等了如指掌。

　　然后，你要关注对方的现状。你跟对方交流，应该是有目的的。知道对方的现实问题和急需之处，你在说的时候就不会无的放矢。

　　最后，你要为对方提点建议。说，总是有一定内容的，而且这些内容必须倾向于为对方解决问题，创造未来。也许你说的东西不一定非常管用，但没关系，至少你"说"的目的已经达到，你们的关系也会因为默契的交流而更加密切。

　　记着，在人们饥饿的时候给他半块馒头，比在他富有时给他十根金条更能让人刻骨铭心。而且，人这种动物很怪，总有吃不饱的地方。

关注听者的表情◀◀◀

人际交往中，对他人的言语、表情、手势、动作以及看似不经意的行为进行较为敏锐细致的观察，往往能够使我们与他人的交流更加容易，取得意想不到的效果。

你必须要明白，在绝大多数情况下，话是说给别人听的。说不说由你做主，有没有用由别人决定。没用的话没必要说，说了也白说，很简单，那是废话。所以，要让说出来的东西有用，至少不至于成为废话，你需要学会关注听者的表情。

关注听者的表情，说俗了实际上就是"察言观色"。古人其实并不反对"察言观色"，甚至有的时候还极为提倡。只是到了 20 世纪，"察言观色"才逐渐成为人们口诛笔伐的对象。而现今，随着学术理论的不断完善，人们认知水平的不断提高，"察言观色"已经成为许多人信奉和推崇的一种极其重要的职场 EQ 能力。

加德纳博士在他的"多元智能"理论中，把察觉并区分他人的情绪、意向、动机及感觉的能力（包括对他人脸部表情、声音、动作的敏感性，辨别不同人际关系的暗示以及对这些暗示做出适当反应的能力）称为"人际智能"。缺乏"人际智能"的人，很难与他人进行有效的沟通，也很难在社会实践中取得成功。沟通学者的研究发现，人们在沟通时，有 7% 的效果来自于说话的内容，38% 取决于声音（音量、音调、韵脚等），而有 55% 取决于肢体语言（面部表情、身体姿势等）。因而，在解读他人心意时，重要的不只是听他说了些什么，更要紧的是看他怎么说。可见，由于人们之间超过 90% 以上的交流都是通过非语言方式完成的，所以说话不仅要用嘴巴，更要用眼睛。

当然，"察言观色"不是拍马奉承，关注别人的表情也不是说要投谁的所好，要用假话去蒙蔽别人。我们赞同"察言观色"，提倡与人交流时"关注别人的表情"，目的是为了使我们在说话的时候能够尽量选择别人容易接受的方式，使别人能够真正听懂和接受我们所说的东西，增强说话的效果，提高交流的效率。

当然，关注听者的表情，也是要有重点的，除了对方的喜怒哀乐外，对眼睛的观察最为重要。从医学上来看，眼睛在人的五种感觉器官中是最敏锐的，大概占感觉领域的70%以上，因此，被称"五官之王"。孟子云："存之人者，莫良于眸子，眸不能掩其恶。胸中正，则眸子降，胸中不正，则眸子眩。"从眼睛里流露出真心是理所当然的，"眼睛是心灵之窗"。

深层心理中的欲望和感情，首先反映在视线上，视线的移动、方向、集中程度等都表达不同的心理状态。观察视线的变化，有助于人与人之间的交流。爬上窗台就不难看清屋中的情形，读懂人的眼色便可知晓人们的内心状况。有人总结了一些关于眼色的所谓规律，尽管不一定全部正确，但即使仅仅只是作为一个参考，也未必不能触发我们的思维，给我们以借鉴。

1. 你见他眼神沉静，便可明白他对于你着急的问题，早已成竹在胸，稳操胜算。只要向他请示办法，表示焦虑，如果他不肯明白说，这是因为事关机密，不必要多问，只需静待他的发落便是。

2. 如果你见他眼神散乱，便可明白他也是毫无办法，徒然着急是无用的，向他请示，也是无用的。你得平心静气，另想应付办法，不必再多问，这只会增加他六神无主的程度，这时是你显示本能的机会，快快自己去想办法吧！

3. 如果你见他眼神横射，仿佛有刺，便可明白他异常冷淡，如有请求，暂且不必向他陈说，应该从速借机退出，即使多逗留一会儿也是不适的，退而研究他对你冷淡的原因，再谋求恢复感情的途径。

4. 你见他眼神阴沉，应该明白这是凶狠的信号，你与他交涉，须得小心一点。他那一只毒辣的手，正放在他的背后伺机而出。如果你不是早有准备想和他见个高低，那么最好从速鸣金收兵。

5. 你见他眼神流动异于平时，便可明白他是胸怀诡计，想给你苦头尝尝。这时应步步为营，不要轻进，前后左右都可能是他安排的陷阱，一失足便跌翻在他的手里。不要过分相信他的甜言蜜语，这是钓鱼的饵，是毒物外的糖衣，要格外小心。

6. 你见他眼神呆滞，唇皮泛白，便可明白他对于当前的问题惶恐万状，尽管口中说不要紧，他虽未绝望，也的确还在想办法，但却一点也想不出所以然来。你不必再多问，应该退而考虑应付办法，如果你已有办法，应该向他提出，并表示有几成把握。

7. 你见他眼神似在发火，便可明白他此刻是怒火中烧，意气极盛，如果不打算与他决裂，应该表示可以妥协，速谋转机。否则，再逼紧一步，势必引起正面的剧烈冲突了。

8. 你见他眼神恬静，面有笑意，你可明白他对于某事非常满意。你要讨他的欢喜，不妨多说几句恭维话，你要有所求，这也是个好机会，相信一定比平时更容易满足你的希望。

9. 你见他眼神四射，神不守舍，便可明白他对于你的话已经感到厌倦，再说下去必无效果，你如果不赶紧告一段落，或乘机告退，或寻找新话题谈谈他所愿听的事。

10. 你见他的眼神凝定，便可明白他认为你的话有一听的必要，应该照你预定的计划，婉转陈说，只要你的见解不差，你的办法可行，他必然是乐于接受的。

11. 要是你见他眼神下垂，连头都向下倾了，便可明白他是心有重忧，万分苦痛。你不要向他说得意事，那反而会加重他的苦痛，你也不要向他说苦痛事，因为同病相怜越发难忍，你最好说些安慰的话，并且从速告退，多说也是无趣的。

12. 如果他的眼神上扬，便可明白他是不屑听你的话，无论你的理由如何充分，你的说法如何巧妙，还是不会有高明的结果，不如马上停止，退而寻求其他接近之道。

有一句广告词说得好"通则不痛，痛则不通"，当你不具备"察言观色"的能力时，你跟别人的交流就好比"擀面杖吹火"，肯定通不了，也肯定很痛，你想想。

在闲谈中破译对方心理◀◀◀

如何从一个人语言的密码中破译对方的心态呢？闲谈是一种比较好的方式。因为闲谈大多是在一种轻松愉快的氛围下进行的，这会使对方心理上御去防线。

第二次世界大战中期，东条英机出任日本首相。此事是秘密决定的，各报记者都很想探得秘密，竭力追逐参加决定会议的大臣采访，却一无所获。这时候，有位记者有心研究了大臣们的心理定势：大臣们不会说出是谁出任首相，假如问题提得巧妙，对方会不自觉地露出某种迹象，有可能探得秘密。于是，他向一位参加会议的大臣提了一个问题：此次出任首相的人是不是秃子？因为当时有三名候选人：一是秃子，一是满头白发，一是半秃顶，这个半秃顶就是东条英机。在这看似无意的闲谈中，这位大臣没有仔细地考察到保密的重要性，虽然他也没有直接回答出具体的答案，聪明的记者，从大臣思考的瞬间，就推断出最后的答案，因为大臣在听到问题之后，一直在思考半秃顶是否属于秃子的问题。记者从随意的闲聊中套出了他需要的独家新闻。

与人谈话时，一些见识浅薄，没有心机的人就会很容易地把自己的不满情绪倾诉给你听。对于这种人，你不应和他保持更深更多的交往，只需当作一个普通朋友就行了。

假如和对方相识不久，交往一般，而对方就忙不迭地把心事一股脑儿地倾诉给你听，并且完全是一副苦口婆心的模样，这在表面上看来是很容易令人感动的。然而，转过头来他又向其他人做出了同样的表现，说出了同样的话，这表示他完全没有诚意，绝不是一个可以进行深交的人。

这种人对一切事物都没有什么深刻的印象，千万不要附和他所说的话，最好是不表示任何意见，只须唯唯诺诺地敷衍就够了。

还有一类人，他们惟恐天下不乱，经常喜欢散布和传播一些所谓的内幕消息，让别人听了以后感到忐忑不安。其实他们这样做的目的是为了引起别人的注意，满足一下他们不甘久居人下的虚荣心。他们并不是心地太坏的人，只要被压抑的虚荣心获得满足之后，他们也就消停无事了。

以倾听方式出现的人，其表现是支配者的形态。这种人物的谈语从不涉及自己的事，或有关自己身边的人。他们的话题反而是涉及别人的一些琐事，或对方的隐私秘闻，甚至对对方的一举一动或每条花边新闻都捏着不放手。这是完全彻底地侵犯别人的隐私。

从男女情况的角度来看，表示你很关心对方，或者极度爱看对方，因为你是个忠诚的倾听者。

像这样的倾听者，非常喜欢把话题的重点放在跟自己完全无关的人、名人、歌舞影星的花边新闻轶事方面，这说明他的内心存在一种起支配作用的欲望。

由此可见，他是个沉迷于闲谈名人或明星风流事的人，也说明他很难拥有真正的知心朋友。这类人或许是因为内心生活很孤独，没有生命的激情。一个人过于关心自己不太熟悉的事情，并且十分热心去谈论他们，都是表示他内心世界的孤独和空虚。

在现实生活中，还有这样的一类人，他们无论在何种场合，与别人交谈时，都爱把话题引到自己的身上，吹嘘自己当年如何奋斗的经历。惟恐别人不知道他的光荣历史，而结果，并不像他想象得那样好。

其实，从某个方面来分析他，可以发现他是个对现实不满的人。虽然他没有用怨恨的语言倾诉他的想法，相反是用自我表现的方式表达出来。事实上，他还不知道这种自我吹嘘的言谈，很难适应时代的变化。或许他是个不折不扣的失败者，完全靠怀旧来过生活。不过可以看出他确实陷入某种欲求不满的环境中，可能他的升职途径遭受阻碍，或者无法适应目前所处的环境。所以他希望忘却现实，喜欢追寻往事来弥补现在的境遇。这是一种倒退的现象，因为眼前的情况是如此的残酷，所以，他仍用梦幻般的表情来谈。从他的话题里，别人会发现他的内心深处正在潜伏着一股无可救药的欲求和不满的情结。

分析一个人的内在表现时，他的潜在欲望不但隐藏在话题里，也存在于话题的展开方式上。在聚会上，大家彼此正在交谈时，突然有人竟然不顾别人的谈话，而突然插进毫不相干的话题，这是相当令人讨厌的行为。

有的人在和别人谈话时，经常把话题扯得很远，让你摸不着头绪，或者不断地变换话题，让别人觉得莫名其妙。这说明这种人有着极强的支配欲和自我表现意识，在他的意识中，很少把别人放在眼里，而完全摆出我行我素的模样，让别人都去听从他的主张，以他的意见为主导。

一般说来，一个政府官员或一个企业的领导，都会有滔滔不绝谈话的习惯，其实，透过这种表面的现象，可以看出他担心大权旁落的心理状态。也可以说，

他是一个喜欢占据优势地位的人。

话题的内容不断变化固然是个好现象，但谈得离谱，一切都显得毫无头绪的样子，那就会使听众感到索然无味。假如他是个普通人，总谈些没有头绪的话题，或者不断改变话题，东拉西扯，那就表示他的思想不集中，给别人留下支离破碎的印象。这说明他是个缺乏理性思考的人。

当然，一个优秀的沟通者，是很少谈及自己的东西的，而是将对方引出来的话题分析、整理，结果不断地从对方身上吸取许多知识和信息。在一般情况下，有的人将全部注意力放在倾听对方的谈话上，从性格上讲，这一类型的人很想理解别人的心思，而且具有宽容的心态，有真正的君子风度。

苏东坡是宋代文学家，他极具语言的天赋，长于沟通的他，却非常注重别人的谈话。有时和朋友聚会，他总是会静下心来，听他们高谈阔论。一次聚会中，米芾问苏东坡："别人都说我癫狂，你是怎么看的?"苏东坡诙谐地一笑，"我随大流"。众友为之大笑。即使是朋友间的不同观点，他也以"姑妄言之，且姑妄听之"的态度对待。

经常使用如"嗯……还有……""这个……""那个……"等的人，表示他的话不能有条理地进行，思考无头绪，思绪无条理。但即使同样使用连接词，常用"但是……""不过……"的人，一般可以认为其思考力较强。当他们在讲话时，脑子里还会浮现相对语以资过滤求证。所谓能言善辩、头脑敏锐的人，就是指此类的人。但是如果此种语调反复出现多次，其理论也随之翻来覆去，迫使对方紧随不舍，就会在不知不觉中被牵着鼻子走，失去了招架之力。

经常使用这种表现手法的人，大都比较慎重。也正是因为如此，说话难免时断时续，只好在重新整合之时，才可以继续下去。这是一种缺乏自信心的表现。

注意言谈时的手势◀◀◀

观察他人说话时细微的手势变化，也许能看出他的真心。

有很多人在言谈时，往往会有意识或无意识地带上各式各样的手势，其实手势往往比言语更能传达说话者的心意。

若某人在言谈中双手交合，一手放在嘴边，或搁在耳下，或两手交叉、身体微微向前倾，表示其十分关注对方的谈话内容，正聚精会神地倾听着。

交谈中手势呈开放状，手心向上，两手向前伸出，手与腹部等高，表示愿意与对方接近并希望建立良好关系。这种手势会给对方一种充满了热情和自信的感觉，对双方谈论的话题胸有成竹。

在与人交谈时一手向前伸，掌心向下，然后由左至右做一个大的环绕动作，表示其对所述内容有充分把握。而在交谈中会将食指与大拇指拈起，或把拳头握紧，表示说话者希望吸引听众的注意力，或强调其说话内容的重要性。

另外，会用头发或手遮住脸，不让对方看见自己的表情，表示这种人表里不一，或者意图隐瞒什么。

边说话边用手指指着听者，或是握拳、缩脖子、皱眉头，或者其他一些激烈的手势，一般而言都表示此人具有潜在的攻击性。而说话时膝盖会向内缩、上身向后倾、两手交叉放在腹部，表示此人极度缺乏安全感和自信心。

当别人说话时，摆出一副超然的样子，不是往后仰靠着，用手摸下巴，就是打哈欠、四处张望，或不时地拉衣角、整领带、撩头发，这些都表明了其心里不耐烦，暗示对方不要再讲了。

学会和陌生人交谈◀◀◀

人们常说"不打无准备之仗"，当一个人需要和一个陌生人沟通的时候，就像在打一场仗，只有事先做好充分的准备才有可能一战而胜。

该怎样准备和陌生人的交谈呢？一方面，可以通过多种渠道了解对方的背景、经历、性格、喜好；另一方面，在对对方基本情况了如指掌的前提下，设想有可能出现的问题，做好以不变应万变的心理准备。然后，在交往之中针对对方的特点有的放矢、投其所好。令其大有"相见恨晚"之感，从而成功赢得对方的信任。

盛宣怀是晚清的一位大臣，他在拜见陌生的上级时，就非常注意了解对方的有关情况。一次，在李莲英的保荐下，醇亲王特地在宣武门内太平湖的府邸接见盛宣怀，向他垂询有关电报的事宜。盛宣怀以前没有见过醇亲王，但与醇亲王的门客"张师爷"过从甚密，从他那里了解到两个方面的情况：一方面，醇亲王与恭亲王不同，恭亲王认为中国要跟西洋学，醇亲王则不认为中国人比洋人差；另一方面，醇亲王虽然好武，但自认为书读得不少，颇具文采。盛宣怀了解情况后，就到身为帝师的工部尚书翁同龢那里抄了些醇亲王的诗稿，念熟了好几首，以备"不时之需"。

另外，盛宣怀还从醇亲王的诗中悟出了些醇亲王的心思，毕竟"文如其人"。胸有成竹之后，盛宣怀前来谒见醇亲王。

当他们谈到电报这一名词的时候，醇亲王问："那电报到底是怎么回事？"

盛宣怀回答道："回王爷的话。电报本身并没有什么了不起，全靠活用，所谓'运用之妙，存乎一心'，如此而已。"

醇亲王听他能引用岳武穆的话，不免另眼相看，便问道："你也读过兵书？"

"在王爷面前，怎么敢说读过兵书？不过英法内犯，文宗显皇帝西狩，忧国忧民，竟至于驾崩。那时如果不是王爷神武，力擒三凶，大局真不堪设想了。"

盛宣怀略停了一下又说："那时有血气的人，谁不想洗雪国耻，宣怀也就是在那时候，自不量力，看过一两部兵书。"

盛宣怀真是三句话不离醇亲王的"本行"。

　　醇亲王是盛宣怀的上级，他的接见关系到盛宣怀的前途与命运，因此盛宣怀花了不少的工夫来打探醇亲王的情况，对他的喜好、性格了解得一清二楚，为自己增添了不少信心。拜谒之时，盛宣怀句句话说在醇亲王的心坎儿上，使他觉得这个人很合自己的胃口，于是很快对他委以重任，盛宣怀的未雨绸缪帮了自己的忙。

　　在与陌生人接触的过程中，我们还可以通过赞美对方或诚恳谦逊地介绍自己，以真诚感动对方，尽可能地拉近彼此情感和心灵的距离，对方自然会乐于为你效力，或帮你促成某事。

通过说话方式来了解对方◀◀◀

要想了解一个人的个性，最巧妙的方式莫过于由对方的谈话中摸出他的个性如何。

一般人有时未必真正了解自己，由自己中描绘出来的自己恐怕都会失真。根据心理学家的研究证实，个人的说话方式，正反映了其内心深层的感受，说不定透过说话方式来判断一个人，会更为真实可信。

每一个人的说话习惯皆不尽相同，经过统计归纳结果发现，一个人的说话习惯与其行为模式有直接关联，利用这种关联作为识人的基本资料，有时远比透过星相去了解一个人更为可靠。

在"称谓语"中习惯把"我"挂在嘴边的人，具有幼稚、软弱的性格。根据心理学家的研究，谈话中频频使用"我"的人，自我表现欲强烈，时时不忘强调自己，惟恐别人忽略了自己。而习惯使用"我们"或"大家"来代替"我"的人，具有随声附和或依附团体的性格。喜欢在谈话中引用"名言"的人，大多属于权威主义者。不论场合、不分谈话对象和主题，在与别人的交谈当中，会使用名人的格言来驳斥对方或证明自己论调的人，往往缺乏自信，习惯借助他人之名来壮大自己的声势。说话时如此，在生活和工作中也有类似的"狐假虎威"现象。

说话时喜欢夹杂几句外语，令听者感到困惑和别扭：这种类型的人通常希望借着语言来掩饰自己的弱点，多半是对于自己的学问、能力缺乏自信所致。

谈话中喜欢引用长辈说过的话，比如常将"我妈说……"挂在嘴边的人，表示其在心理和精神上尚未独立。而有些女性喜欢借用母亲的话来表现自己的意志，如"我妈妈说你很有风度……"等等。表明此人心智尚未成熟，缺乏独立自主的个性。

过分使用客套话的人，心里存有戒心。在人际交往中，恰当地使用客套话是必要的。但如果两人的关系原本就相当好，一方却突如其来地说些客套话，则说明其"心中有鬼"或另有图谋。同时，引用过度谦虚的言词，表示此人有强烈的嫉妒心、企图、轻蔑或戒备心等。

下面的几点是告诉人们怎样通过观察言说话方式而看破人心的具体办法：

一、在正式场合中发言或演讲的人，开始时就清喉咙者多数人是由于紧张或不安。

二、说话时不断清喉咙，改变声调的人，可能还有某种焦虑。

三、有的人清嗓子，则是因为他对问题仍迟疑不决，需要继续考虑。一般有这种行为的男人比女人多，成人比儿童多。儿童紧张时一般是结结巴巴，或吞吞吐吐地说："嗯""啊"，也有的总喜欢习惯性地反复说："你知道……"

四、故意清喉咙则是对别人的警告，表达一种不满的情绪，意思是说"如果你再不听话，我可要不客气了。"

五、口哨声有时是一种潇洒或处之泰然的表示，但有的人会以此来虚张声势，掩饰内心的惴惴不安。

六、内心不诚实的人，说话声音支支吾吾，这是心虚的表现。

七、内心卑鄙乖张的人，心怀鬼胎，声音会阴阳怪气，非常刺耳。

八、有叛逆企图的人说话时常有几分愧色。

九、内心渐趋兴盛之时，就容易有言语过激之声。

十、内心平静的人声音也会心平气和。

十一、心内清顺畅达之人，言谈自有清亮和平之音。

十二、诬蔑他人的人闪烁其词，丧失操守的人言谈吞吞吐吐。

十三、浮躁的人喋喋不休。

十四、善良温和的人话语总是不多。

十五、内心柔和平静的人，说话总是如小桥流水，平柔和缓，极富亲和力。

透过谈话主题了解人的内心◀◀◀

所谓"一句不离本行"，表示一个人所思所想不会脱离他的生活经验，因此从一个人谈话的话题，来透视这个人的行为，往往八九不离十。

喜欢谈论他人私事，对别人的私事或隐私追根究底的人，大多是有强烈支配欲的人。其与人交谈时，话题总是围绕着别人打转，喜欢探听别人的私事，议论他人隐私的人，以女人居多。对于和自己没有多大关系的人，如社会名流、电影明星等，喜欢评头论足，说长道短。这种类型的人除了有支配心理之外，也缺乏知心朋友，心灵空虚、孤独，且不甘寂寞。

相反地，话题总是离不开自己的人，具有自我陶醉的倾向，属于以自我为中心的性格。那些言必谈己的人，事实上最关心的对象就是自己。深信这个世界就是应该以他为中心来运转，这种心理除了是一种自我陶醉，也有任性的性格倾向。此外，不仅谈论自己，而且动不动就把话题集中在自己家人、工作、家庭等周边事物的人，也可以将之归类为以自我为中心的性格。

而爱发牢骚的人，多有压抑心理，属于否定型性格。牢骚是心理压抑的一种发泄，从发泄的牢骚里，可以发现一个人的心态和愿望。抱怨薪水太低的人当中，有不少是因为本身不喜欢这项工作，透过抱怨工资低而把不满的情绪表达出来。而会贬低上级主管的人，大都具有希望出人头地却又不易达成的欲望。这类型爱发牢骚成癖的人，除了心理压抑和心存不满之外，还出自一种虚荣心。

另外，还有一种好提当年勇的人，多在现职的表现上力不从心，无法适应眼前的工作，所以才喜欢在部属、同事，特别是比自己资历浅的人面前，大谈过去的风光史。嘴边老挂着昔日丰功伟业的人，回忆起过去，总是洋洋得意，恍如昨日。这种现象说明了这个人工作能力衰退，落后于时代潮流且又难以赶上，只好忘却目前的失落感，以寻求解脱。

无视于他人的谈话内容，径自提出毫不相干话题的人，其支配欲、表现欲均较强。谈话时会不断变换话题、东拉西扯、杂乱无章，让人摸不着边际，这类人多是思维能力不集中，不能进行逻辑思考；而不提出自己的想法，只是附和别人或顺着别人话题的人，大多心性宽厚并且能体贴别人。

交情相当深厚的朋友，仍不免使用客套话语时，表示此人内心存有自卑感或企图隐藏敌意。相反的，故意使用粗话的人，其内心其实是想与对方拉近心理距离，或者希望自己占于优势地位。

谈话中经常使用"但是"或"不过"等连接词者，表示此人思考能力强，习惯边说话边思考；大多能言善辩，有深入探讨理论的兴趣。

经常使用"嗯……""有点……""这个……""那个……"等用语的人，语言表达能力较差，说话漫无条理，思考没有头绪；经常使用"我想……""我认为……"等语言表达方式的人，个性较为谨慎、小心，但性格的另一面表现却是怯懦的。

口头语最能见个人本性◀◀◀

　　口头语言是人在日常生活当中由于习惯而逐渐形成的，具有鲜明的个人特色。在生活当中，绝大多数人都有使用口头语言的习惯，通过它可以对一个人进行观察和了解。

　　一般来说，经常连续使用"果然"的人，多自以为是，强调个人主张，以自我为中心的倾向比较强烈。

　　经常使用"其实"的人，自我表现欲望强烈，希望能引起别人的注意。他们大多比较任性和倔强，并且多少还有点自负。

　　经常使用流行词汇的人，热衷于随大流，喜欢浮夸，缺少个人主见和独立性。

　　经常使用外来语言和外语的人，虚荣心强，爱卖弄和夸耀自己。

　　经常使用地方方言，并且底气十足、理直气壮的人，自信心很强，有属于自己的独特的个性。

　　经常使用"这个……""那个……""啊……"的人，说话办事都比较小心谨慎，一般情况下不会招惹是非，是个好好先生。

　　经常使用"最后怎么样怎么样"之类词汇的人，大多是潜在欲望未能得到满足。

　　经常使用"确实如此"的人，多浅薄无知，自己却浑然不觉，还常常自以为是。

　　经常使用"我……"之类词汇的人，不是软弱无能想得到他人的帮助，就是虚荣浮夸，寻找各种机会强调自己，以引起他人的注意。

　　经常使用"真的"之类强调词汇的人，多缺乏自信，惟恐自己所言之事的可信度不高。可恰恰是这样，结果往往会起到欲盖弥彰的作用。

　　经常使用"你应该……""你不能……""你必须……"等命令式词语的人，多专制、固执、骄横，但对自己却充满了自信，有强烈的领导欲望。

　　经常使用"我个人的想法是……""是不是……""能不能……"之类词汇的人，一般较和蔼亲切，待人接物时，也能做到客观理智，冷静地思考，认真地分析，然后做出正确的判断和决定。不独断专行，能够给予他人足够的尊重，反过来也会得到他人的尊重和爱戴。

经常使用"我要……""我想……""我不知道……"的人，多思想比较单纯，爱意气用事，情绪不是特别稳定，有点让人捉摸不定。

经常使用"绝对"这个词语的人，武断的性格显而易见，他们不是太缺乏自知之明，就是自知之明太强烈了。

经常使用"我早就知道了"的人，有表现自己的强烈欲望，只能自己是主角，自己发挥。但对他人却缺少耐性，很难做一个合格的听众。

另外，口头语经常挂在嘴边的人，大多办事不干练，缺乏坚强的意志。有些人，说话时没有口头语，这并不代表他们从未有过，可能以前有，但后来逐渐地改掉了，这显示出一个人意志力的坚强和追求说话简洁、流畅的精神。

若想通过口头语言更好地观察、了解和判断一个人的性格如何，需要在生活和与人交往中仔细、认真地揣摩、分析，这样，才会收到良好的效果。

第 2 章

有的放矢：引起对方共鸣的口才智慧

俗话说："到什么山唱什么歌，见什么人说什么话"。说话不考虑对象，等于射击不瞄准。要想把话说在别人心坎上，就必须因人而异，有的放矢，根据对象性质的不同而采取不同的说话方式，说不同的内容，这样谈话才会更具有针对性，容易引起对方共鸣。如果不因人而异地说话，就有可能是对牛弹琴，沟而不通。

口才智慧

分清对象再说话◀◀◀

　　说话要看对象，应对不同的人要采取不同的说话方式。对文化层次高的人说话就要理性色彩重一些，对文化层次低就应该用朴素的话语表示。

　　我们来看一下苏厉为达到自己的目的是怎么说服百胜将军白起。

　　说客苏厉对周君说："击败韩、魏联军，杀掉魏将犀武，攻取越国蔺、离石、祁等地的都是秦将白起。这是他巧于用兵，又得上天之助的缘故。现在，他要进攻魏都大梁，大梁必克，攻克大梁，西周就岌岌可危。君王您不如制止他进攻魏都。"

　　苏厉又对白起说："楚国的养由基是射箭的能手，距离柳叶百步射箭，百发百中。旁边看的人都说他的射箭技术很好。有一人从旁走过，却说：'射得很好，可以教别人射吗？'养由基说：'人家都说好，您却说可以教别人射吗？您为何不代我射呢？'有人又说：'我并不能教您左手拉弓，用力向前伸出，右手拉弦，用力向后弯曲那种射箭的方法。但是，您射柳叶能百发百中，却不趁着射得好的时候休息休息，过一会儿，当气力衰竭，感到疲倦，弓身不正，箭杆弯曲时，您若一箭射出而不中，岂不前功尽弃了么！'现在击败韩、魏，杀了犀武，向北攻赵，夺取了蔺、离石和祁的都是您呀。您的功劳已很多。现在又率领秦兵出塞，经过东、西两周，进犯韩国，攻打魏都大梁，如果进攻不胜，岂不前功尽弃了么！您不如称病，不去攻打魏都大梁。"

　　遣词用句应看来访者的文化程度，否则，主人接待客人时，说话不看对象，一定会"门前冷落鞍马稀"了。

　　有位知识分子家来了一位农民客人，主人很是热情，对来访者也十分客气："听说最近赵公元帅光顾你了。现在你大名鼎鼎，真要刮目相看了。""对于你的生财之道，我不敢班门弄斧，妄加评论，请多多包涵。"主人的这番话使那位农民客人莫名其妙，两人要作进一步交谈怎么可能呢？

　　养由基之不中，并不是因为他射技不精，而是因气衰力倦。射箭是这样，做官也是同样的道理。所以苏厉以养由基之不中为说辞，可以说是明事物盛衰之理！苏厉的智慧，正是因其说辞机巧高超的缘故。

东汉末年，有个学者牟融，对佛学颇有研究。但他向儒家学者宣讲佛义时，却不直接用佛经回答问题，而是引用儒家的《诗经》《尚书》来证明佛教的道理。

儒家学者责难他，问他为何这样做。牟融平心静气地回答："我知道你们能理解儒家经典，所以引用儒家的话和你们谈。你们没有读过佛经，如果和你们谈佛经，不就等于白讲了吗?"

随后，牟融向他们讲了一个"对牛弹琴"的故事，说战国时代，有一个叫公明仪的音乐家，他能作曲也能演奏，七弦琴弹得非常好，弹的曲子优美动听，很多人都喜欢听他弹琴，人们很敬重他。一天，他对着一头正在吃草的牛，弹了一曲高深的"清角之操"。牛没有理会他，仍然自顾吃草。

公明仪对牛仔细观察，明白不是牛听不见他的琴声，而是牛听不懂这种曲调，所以跟没有听见一样。

弄清原因后，他又弹起了一首像蚊子、牛蝇、小牛叫唤的乐曲。那牛立刻停止了吃草，摇着尾巴，竖起耳朵听起来。

讲完这个故事后，牟融说："我之所以引用你们所懂的'诗书'来解释你们提出的问题，也就是这个道理啊!"听他讲学的那些儒家学者这才心悦诚服了。

说话时要区分对象，既要根据对象的资质的不同，有区别的对待，也要根据对象的气质、德行的不同而正确地处理言语。"中人以上，可以语上也；中人以下，不可以语上也。""可与言，而不与之言，失人。不可与之言，而与之言，失言。知者不失人，亦不失言。"可言则言，不可言则不言，对小人则"以少说为是，以免多惹是非"，还应该注意对象乐不乐于听取你的意见，能不能听懂你的话，"未见颜色而言，谓之瞽"。

销售代表小张和客户王老板沟通渠道奖励的事情。

小张："你小子最近忙什么? 好久不见，也不给我电话。"

王老板："你小子怎么不给我电话? 我整天帮你卖货，我是为你打工，你要知道。你很滋润，和老婆享福，也不关心贫下中农的死活。嘿……"

小张："谈正经的，我们公司最近要做一个渠道奖励。"

王老板："快点，有话快说，有屁快放。我这里忙。"

小上："你小子急什么? 是这样的……"

如果遇到客户像"人"，就用"人"的方式来对待他。

小张："王总，您好。我是小张。"

王老板："你好，最近忙吗？很久不见，最近有什么新政策？"

小张："公司最近出来了一个渠道奖励计划，要和您谈谈。"

王老板："还要你多关照呀，具体怎么操作呢？"

小张："是这样的……"

如果客户是一个绅士，就要用绅士的方式来对待。如果客户是"流氓"，销售代表也要变成"流氓"，只有这样才能沟通到位。

有经验的人都知道，针对不同的对象、不同的事情、在不同的时机，说话的方式也不一样。要综合运用各种说话技巧，书上介绍的沟通技巧也有很多，但是我们每一个人的背景不同、经验不同，因此对沟通技巧的体会和掌握也不同。沟通技巧是实践经验的总结，需要一辈子去学习、体验、训练，在任何时候，心中要有主心骨：沟通中，沟是手段，通是目的。

说话要有的放矢◀◀◀

俄罗斯谚语："语言不是蜜，却可以粘住一切东西"，这就是说要有的放矢，注意针对性。

说话时要看对象，根据交际对象来说话。这就要求我们在说话时，能够注意听话人的性别、性格、文化程度、文化背景、心理状态等因素。忽视了任何一个因素，都可能导致"无的放矢"，甚至还会给自己当头一击。

朱元璋做了皇帝后，他从前的一位苦朋友从乡下赶来找他，对他说："我主万岁！当年微臣随驾扫荡庐州府，打破罐州城，汤元帅在逃，拿住豆将军，红孩儿当关，多亏菜将军。"

朱元璋听他说得好听，心里很高兴。回想起来，也隐约记得他的话里像是包含了一些从前的事情，就立刻封他做了大官。

这个消息让另外一个昔日的苦朋友听见了，他心想："同是那时候一块儿玩的人，他去了既然有官做，我去当然也不会倒霉的吧？"他也就去了。

和朱元璋一见面，他就直通通地说："我主万岁！还记得吗？从前，你我都替人家看牛，有一天，我们在芦花荡里，把偷来的豆子放在瓦罐里煮。还没等煮熟，大家就抢着吃，把罐子都打破了，撒了一地的豆子，汤都泼在泥地里。你只顾从地下满把的抓豆子吃，却不小心连红草叶子也送进嘴里。叶子梗在喉咙，苦得你哭笑不得。还是我出的主意，叫你用青菜叶子放在手上一拍吞下去，才把红草叶子带下去……"

朱元璋看他如此不顾全体面，不等听完就命人将其推出去斩了。

所以，说话人不能我行我素，想说什么就说什么，而要看对象，从对象的不同特点出发，说不同的话，创造一种和谐、融洽的气氛，达到说话的目的。

交谈要讲究艺术，恰当有礼。"恰当有礼"，其实是一个"得体"的问题，也就是要把话说得适人、适时、适地、适情。话是对人讲的，所以说话要注意"因人而言"，要看对象说话，这也就是俗话所说的"到什么山唱什么歌，见什么人说什么话"。因为这样谈话会更具有针对性，容易引起共鸣。"适时、适地"即讲话要注意时间、场合。"因情而言"，即说话时要考虑对方的心情，好的心

情才能营造出愉悦的谈话氛围，有利于进一步沟通交流。有一个名词叫"职场语言学"，就是教人在工作时如何说话，针对不同的人要说不同的话。运用"职场语言学"中所学的语言艺术，可以让你在公司里说话受到同事的欢迎，至少不会因为说话不当而被炒鱿鱼。

在很多地方和场合说话都要注意自己的语言艺术，这确实是十分重要的。掌握人际交往中的语言艺术并不是一件坏事，它并不只会使人的嘴巴变得好像是油嘴滑舌似的，也可以让你学会如何与别人交往。之所以说话要看对象，是因为说话总是双向的，不论是在公共场合发表演讲，还是在和朋友、刚刚认识的人随意交谈，除了说话人之外，还有听话人。所以，说话人就要看对象说话，从对象的不同特点出发，说不同的话，而不能随心所欲，想说什么就说什么，这样创造一种和谐、融洽的气氛，达到交谈的目的。

在交谈中，注意对象的身份是十分重要的，忽视这一点，往往会引起别人的反感，甚至可能造成不必要的矛盾。

要做到说话看对象，了解对象是必要的。对家人以及亲朋好友，说话的方式要因人而异，所说对象不同，方式就不一样。李密的《陈情表》写得催人泪下，当然不少人觉得李密这人不厚道，如果真的是这么有孝心的人，干吗用那么多的语言说自己多么凄惨，祖母多么悲凉？其实我想这篇文章之所以要这么写，是因为看这篇表的人是司马炎的缘故。司马炎是篡位之君，本就名不正言不顺。再者，蜀的很多将士并不是真心归顺，他几次要求李密做官而被拒绝，所以心生疑惑。再加上司马炎疑心十分重，如果李密这次上表不够煽情是会死的，所以文章写得过于深情就可以理解了。换言之，如果李密是给诸葛亮或者刘备上表，这样写的话就不行了。可见说话不看人，必然词不达意，说了白说。

如果对对方非常熟悉，说话时自然会注意到不同特点，这自然不用再多言。然而对于初次相识的人，就不那么容易了。我们很容易看出来对方的性别、年龄，但是身份、职业、文化修养等，则必须通过语言交谈才能了解。因此，与陌生人见面，首先要做的不是急于说什么，而是先听对方的话语。如果对方彬彬有礼，你也应该文雅、和气、谦逊；如果对方说话很坦诚，你也应该实在，想到什么就说出来，不要拐弯抹角。总之要在了解对象的基础上，说出合适的、有礼貌的话。

现在有人说话口无遮拦，甚至不经过大脑思考脱口而出，这样的话虚无且没有内涵。说话不看对象、不分场合经常会给自己招来祸患，或者是埋下祸根。口无遮拦乱说一通给自己带来的只能是"痛苦"，而不会是"快乐"。

说话成功需要知己知彼◀◀◀

在战场上知己知彼能百战不殆，在说话时如果能做到知己知彼也能处于非常有利的地位。

"知己知彼、百战百胜"这句老话，是很有道理的。战争如此，说服人也必须如此。在说服对方之前，必须透彻地了解被说服对象的有关情况，以便有针对性地进行工作。了解的内容主要有：

第一，了解对方性格。

不同性格的人，对接受他人意见的方式和敏感程度是不一样的。如：是性格急躁的人，还是性格稳重的人；是自负又胸无点墨的人，还是有真才实学又很谦虚的人。掌握了对方的性格，就可以按照他的性格特征，有针对性地工作。

第二，了解对方的长处。

一个人的长处就是他最熟悉、最了解、最易理解的领域。如有人对部队生活熟悉，有人对农村生活比较熟悉，有人擅长于文艺，有人擅长于语言，有人擅长于交际，有人擅长于计算等。在说服人的时候，从对方的长处入手。①能和他谈到一起去；②在他所擅长的领域里，谈论起来他容易理解，便容易说服他；③能将他的长处作为说服他的一个有利条件，如一个伶牙俐齿、善于交际的人，在分配他做供销工作时可以说："你在这方面比别人具有难得的才能，这是发挥你潜在能力的一个最好机会。"这样谈既有理有据，又能表明领导者对他的信任，还能引起他对新工作的兴趣。

第三，了解对方的兴趣。

有人喜欢绘画，有人喜欢音乐，还有人喜欢下棋、养鸟、集邮、书法、写作等，人都喜欢从事和谈论其最感兴趣的事物。从这里入手，打开他的"话匣子"，再对他进行说服，便较容易达到说服的目的。

第四，了解对方的其他想法。

一个人坚持一种想法，决不是偶然的，他必定有自己的理由，而且他讲的道理一般都符合国家政策、集体的利益或人之常情。但这常常不是他的真实想法，他的真实想法怕拿出来被人瞧不起，难于启齿。如果领导者能真正了解他的"苦

衷"，就能有针对性地加以解决。

第五，了解对方当时的情绪。

一般说，影响对方情绪的因素：一是谈话前对方因其他事所造成的心绪仍在起作用；二是谈话当时对方的注意力正集中在别处；三是对说服者的看法和态度。所以，说服者在开始说服之前，要设法了解他当时的思想动态和情绪，这对说服的成败，是一个重要的环节。

凡此种种，你都要悉心研究，才能够有针对性地采取你说服的方式。

了解对方是有如此多学问的。许多人不能说服别人，是因为他不仔细研究对方，不研究用适当的表达方式，就急忙下结论，还以为"一眼看穿了别人"。这就像那些粗心的医生，对病人病情不了解就开了药方，当然没有不碰钉子的。

不同的人需用不同的方法◀◀◀

通过沟通对象显示出来的态度及姿态，了解他的心理，有效地捕捉他所发出的各种信息，分析研究，然后对症下药，可起到事半功倍的效果。

如果，谈话的人抱着胳膊，表示在思考问题；抱着头，表明一筹莫展；低头走路，步履沉重，说明心灰气馁；昂首挺胸，高声交谈，是自信的流露；女性一言不发，揉搓手帕，说明她心中有话，却不知从何说起；抖动双腿常常是内心不安、苦思对策的举动，若是轻微颤动，就可能是心情悠闲的表现。

当然，对沟通对象的了解，不能停留在静观默察上，还应主动侦察，采用一定的侦察对策，去激发对方的情绪，才能够迅速准确地把握对方的思想脉络和动态，从而顺其思路进行引导。

针对不同的对象沟通时应考虑以下几个方面。

年龄差异。对年轻人宜采用鼓动性的语言；对中年人应讲明利害，供他们斟酌；对老年人应以商量的口吻，尽量表示尊重的态度。

性别差异。男性需要采取较强有力的劝说语言；女性则可以温和一些。

地域差异。生活在不同地域的人，所采用的劝说方式也应有所差别。如对我国北方人，可采用粗犷的态度；对南方人，则应细腻一些。

性格差异。若对方性格豪爽，便可单刀直入；若对方性格优柔，则要"慢工出细活"；若对方生性多疑，切忌处处表白，应不动声色，使其疑惑自消等。

职业差异。要运用与对方所掌握的专业知识关联较紧密的语言与之交谈，对方对你的信任感就会大大增强。

文化差异。一般来说，对文化程度低的人所采用的方法应简单明确，多使用一些具体数字和例子；对于文化程度高的人，则可采用抽象说理方法。

兴趣差异。凡是有兴趣爱好的人，当你谈起有关他的爱好这方面的事情时，对方都会兴致盎然。同时，对你无形中也会产生好感，为你办事成功打下良好的基础。

灵活掌握批评的方法◀◀◀

不同的人对于同一个批评，会有不同的心理反应，因为不同的人，性格与修养都是有区别的。

我们可以根据人们受到批评时不同反应将人分为迟钝型反应者、敏感型反应者、理智型反应者和强个性型反应者。反应迟钝的人即使受到批评也满不在乎；反应敏感的人，感情脆弱，脸皮薄，爱面子，受到斥责则难以承受，他们会脸色苍白，神志恍惚，甚至会从此一蹶不振，意志消沉；具有理智的人在受到批评时会感到有很大的震动，能坦率认错，从中汲取教训；具有较强个性的人，自尊心强，个性突出，"老虎屁股摸不得"，遇事好冲动，心胸狭窄，自我保护意识强，心理承受能力差，明知有错，也死要面子，受不了当面批评。

针对不同特点的人要采用不同的批评方式，对自觉性较高者，应采用启发作为自我批评的方法；对于思想比较敏感的人，要采用暗喻批评法；对于性格耿直的人，采取直接批评法；对问题严重、影响较大的人，应采取公开批评法；对思想麻痹的人，应采用警示性批评法。

在进行批评时忌讳方法单一，死搬硬套，应灵活掌握批评的方法。

正确的批评要求细密周到，恰如其分，普遍性的问题可以当面进行批评，对于个别现象就应个别进行。另外，也可以事先与之谈话，帮他提高认识，启发他进行自我对照，使他产生"矛头不集中于'我'"的感觉，主动在"大环境"中认错。另外，还要避免粗暴批评。

对下属的粗暴批评不会产生很好的效果。员工听到的只是恶劣言语，而不是批评的内容，他们的心中就会充满不服和哀怨。这就使其产生逆反心理而不利于问题的解决。

要学会运用"胡萝卜加大棒"的策略，防止只知批评不知表扬的错误做法。在批评时运用表扬，可以缓和批评中的紧张气氛。可以先表扬后批评，也可先批评后表扬。

批评还要注意含蓄，借用委婉、隐蔽、暗喻的策略方式，由此及彼，用弦外之音，巧妙表达本意，揭示批评内容，引人思考而领悟。万万不可直截了当地说出批评意见，开门见山点出对方要害。

在批评时，可以运用多种方法。如：通过列举分析历史人物是非，烘托其错误；通过列举和分析现实中人物的是非，暗喻其错误；通过分析正确的事物，比较其错误；还可采用故事暗示法，用生动的形象增强对他的感染力；笑话暗示法，通过一个笑话，使他认识错误，既有幽默感，又使他不至感到尴尬；轶闻暗示法，通过轶闻趣事，使他听批评时，受到影射，也易于接受。总之，通过提供多角度、多内容的比较，使人反思领悟，从而自觉愉快地接受批评，改正错误，这才是我们所关心的问题。

对于十分敏感的人，批评可采取不露锋芒法，即先承认自己有错，再批评他的缺点。态度要谦虚，谦虚的态度可以使对方的抵触情绪很容易消除，使他乐于接受批评。例如：可以对人这样批评："这件事，你办得不对，以后要注意了。不过我年轻时也不行，经验少，也出过很多问题，你比我那时强多了。"

有时一些问题一时未搞清，涉及面大或被批评者尚能知理明悟，则批评更要委婉含蓄。先表明自己的态度，让下属从模糊的语言中发现自己的错误。但是，也不能一概而论，对严重的错误，应当严厉批评。另外，对于执迷不悟者和经常犯错误者，都应作例外处理。要么是他们改正错误，要么是你不用他们。

上下级交流的要诀◀◀◀

与不同级别的人说话肯定跟与自己同级的人说话有很大不同，要交谈顺利就必须了解其中的不同。

一般说来，人们在与自己同等级、同层次的人讲话时，表现比较正常，行为举止都会比较自然、大方；但是，在与比自己地位高的人交往时，就可能感到紧张，表现比较拘谨，并且自卑感强；相反，在与社会地位低于自己的人讲话时，就会表现得比较自如、自信，甚至比较放肆。

比如，有的人在自己的上级面前从不敢"妄言"，在同一科室的也不多说话，可是在自己的下级或所管班组面前讲话时，则落落大方，侃侃而谈。有的则在一般人面前总是摆出一副能者的架势，可是一见到权威就显得十分驯服和虔诚。

因此，上下级之间的讲话，上级要力求避免采取自鸣得意、命令、训斥、使役下级的口吻说话，而是要放下架子，以平易近人的方式对待下级。这样，下级才会向你敞开心扉。谈话是双边活动，只有感情上的贯通，才谈得上信息的交流。

平等的态度，除说话本身的内容外，还通过语气、语调、表情、动作等体现出来。所以，不要以为是小节，纯属个人的习惯，不会影响上下级的谈话。实际上，这往往关系到下级是否敢向你接近。此外，上级同下级谈话时，要重视开场白的作用。不妨与下级先扯几句家常，以便使感情接近，避免拘束感。

上级同下级说话时，不宜做否定的表态："你们这是怎么搞的?""有你们这样做工作的吗?"

在发表评论时，应当善于掌握分寸。点个头，摇个头都会被人看作是上级的"指示"而贯彻下去，所以，轻易的表态或过于绝对的评价都容易失误。

例如：一位下级汇报某改革试验的情况，作为领导，只宜提一些问题，或做一些一般性的鼓励："这种试验很好，可以多请一些人发表意见。""你们将来有了结果，希望及时告诉我们。"这种评论不涉及具体问题，留有余地。如上级认为下级的汇报中有什么不妥，表达更要谨慎，尽可能采用劝告或建议性的措词：

"这个问题能不能有别的看法，例如……""不过，这是我个人的意见，你们可以参考。""建议你们看看最近到的一份材料，看看有什么启发?"这些话，起了一种启发作用，主动权仍在下级手中，对方容易接受。

下级对上级说话，则要避免采用过分胆小、拘谨、谦恭、服从，甚至唯唯诺诺的讲话态度，改变诚惶诚恐的心理状态，而要活泼、大胆和自信。

下级跟上级说话，成功与否，不只影响上级对你的观感，有时甚至会影响你的工作和前途。

跟上级说话，要尊重，要慎重，但不能一味附和。"抬轿子""吹喇叭"等等，只能有损自己的人格，却得不到重视与尊敬，倒很可能引起上级的反感和轻视。

在保持独立人格的前提下，你应采取不卑不亢的态度。在必要的场合，你也不必害怕表示自己的不同观点，只要你从工作出发，摆事实，讲道理，领导一般是予以考虑的。

还应该了解上级的个性。上级固然是领导，但他首先是一个人。作为一个人，他有他的性格、爱好，也有他的语言习惯等。如有些领导性格爽快、干脆，有些领导则沉默寡言，事事多加思考，你必须了解清楚，不要认为这是"迎合"，这正是运用心理学的一种学问。

此外，与上级谈话还要选择有利时机。上级一天到晚要考虑的问题很多。所以，假若是个人琐事，就不要在他埋头处理大事时去打扰他。你应该根据自己的问题重要与否，去选择适当时机反映。

与异性交往的沟通秘招◀◀◀

酒逢知己千杯少，话不投机半句多。无论如何，与异性交流并不是一件很难的事情，只要积极行动，就能愉快聊天。

在异性交往中，很多人都希望，你一言，我一语，双方配合默契，谈兴不减，其乐融融。其实，要做到这些，并不困难。要想与异性交往默契，需要融心理、社交、口才等知识技巧于一体。否则，与刚认识的异性交流，就容易羞怯局促、紧张失措，连挤两句应酬话也生涩，平日的伶牙俐齿、妙语连珠也不知躲到哪里去了。只要掌握一些基本的原则，就能够在和异性交流时应付自如，谈得非常投机。

（1）以对方感兴趣的话为题材

有这么一对恋人：那位男孩喋喋不休地谈论着公司的事，而那位女孩除了从她亲热地握着男孩的手可以看出他们的热烈感情外，神态完全是一副无精打采索然无味状。一对热恋着的情侣，本应有着千言万语难诉衷肠的沸腾情景，就因为彼此谈话的内容不是双方感兴趣的话题而话不投机、冷冷清清。所以，聪明的人，在与异性谈话时会选择那些生活中的趣事做话题，既可以消除彼此之间的距离，更容易产生共鸣，增加亲切成分，比如选择一些比较轻松、校园生活的诗情画意等等。这些话题不但可以一下子就激起彼此的谈话兴趣，而且话题的外延广、内涵深，不至于大家刚唠了两句就没词了。

（2）激发对方交谈的兴趣

异性交往中，往往也会遇到一些不喜欢运用自己脑筋的女子。当男子首先向她说话时，她惜语如金似的仅用"是"与"不是"作答，无论你如何发问，她总是简单作答。遇上有一定社会经验的异性，还会锲而不舍、耐着性子继续进攻下去，他相信，时间能慢慢地使陌生者变得亲切起来，甚至引出她有兴趣的话题，逐步改变"话不投机"的局面。

小高因为一篇市场调查报告，需要找微机操作员崔小姐查看有关资料，可看见崔小姐那满脸修女神情，他就心虚发慌了。

稍定后，小高与她攀谈起来："崔小姐每天倒挺忙的啊！"

"对!"

"你操作微机如此熟练有些资历了吧？"

"不长!"

几个回合下来，崔小姐不但始终斩钉截铁般否啬作答，而且脸上一直未解冻。于是小高转变谈话策略，说道："听办公室主任讲，我们单位有两个天使最驰名，你猜是谁？"

"不知道!"崔小姐依然简单作答。

"好，我告诉你，一个是公关天使小陈，另一个就是小姐你呀!"小高放慢谈话速度说。

"他们叫我什么天使？"

小高见崔小姐终于活跃起来，故意顿了顿说："叫你冷艳天使啊!"

"简直胡说八道，小高你看我像不像？其实……"

崔小姐的话茬子终于被激发了。小高面对冷若冰霜的崔小姐，在交谈近乎僵局无聊的情况下，抓住对方的"冷艳"这个弱点，假借第三者的谈话进行出击，这就造成了崔小姐内心尊严的一个致命伤，她为了维护自尊连珠炮似的向小高辩驳，并表明自己的热情、温柔和善良，从而在彼此的谈话中形成了一个和谐、愉快的回流。

（3）设法让女孩主动地引出话题

在许多社交场合，我们常常发现，当男女被介绍相识后，大多数女子，除了可爱的矜持之外，都练就保持沉默的功夫，将这先开口讲话的"活儿"奉献给男子去做。一般情况下，这态度和这礼仪是不大好的。女子由于生理和心理的敏感、细腻、脆弱等特点，在交往的范围和接触点上都显得比较隐秘、谨慎，是不可随意横冲直撞的。任何一位社交经验不太丰富的男子往往就被这种情形难倒，话在嘴边口难开。而如果女子主动与男子攀谈，那情形就迥然不同了。因为男子的生活环境一般比女子辽阔，加之男子汉多是粗放型，注定要接受人生的摔摔打打、磕磕碰碰，于任何事情都不那么小家子气，因此向男子提出谈话的题材就比较随意广泛，除了人格和自尊之外，偶有什么伤筋动骨的不恭之话题或言词，作为一个现代男子汉，应该是能够洒脱地淡然一笑了之。所以在异性交往中，女子向男子主动抛砖以引其玉，男子会很热情地给以爽朗的谈锋。

所以，异性间互相交谈，女性应该主动些，而男子应该设法让女孩主动地引出话题。

与贵人交谈的技巧◀◀◀

人人都希望遇见贵人，真的遇见了却不知道该说什么，掌握一些与贵人交谈的技巧，也许对你的生活会有意想不到的帮助。

与名人说话时，不要有害羞畏怯的心情，只要真正表现你内心的意思，你就能与任何名人开口说话。有些人对名人只是一味的说些奉承话及空洞话，这样是不能使对方愉快的。如果你是真诚的，那你就把深烙在内心的印象，说给他听，他会深深感到愉快，但所用的措词和说话的态度都要得体。你可以把他视为一位有血有肉的人来对待，对他提出一些能够表达感情的问题，不要把他视为什么超人。他也实实在在像任何人一样的，敌不过疲倦，也承受不住伤害。他们可能比你更脆弱，而且与你一样害羞。不要认为他的人格真的就如他借以出名的职业一样。他向公众所投射的信心、睿智、仁慈、滑稽或性感等影像，实际上往往是杜撰的。

当你同时应付两位名流时，不要只顾你所景仰的一位，而置另一位于不理，这会使他们两位都不自在。你应该说，遇见两位，真是使人兴奋，如果你想和他们继续交谈，那么你必须保证话题是他们二位都能参加意见的。换句话说，你要确保三人谈的方式。如果你对另一位名人并不熟悉，而且在经过介绍之后，你仍想不起有关他的任何事迹，你也不能对他有所疏忽。你必须一视同仁的，表现同样的热情和友善。

不喜欢说话的名流，包括外貌滑稽突出而似乎容易亲近的喜剧演员在内，他们在舞台上已经笑到了极限，因此，在真实生活中是再也无法幽默的。作家、诗人、画家、音乐家等等，从事创作型工作的人，虽不大喜欢说话，但这些人往往对政治乃至于宗教，都有广泛的兴趣。他们在社交场合也许不活跃，不自在，但他们有启发人们思想的独见之处，你和他们说话，必须耐心，不要轻易动怒，也不要太热切，要温和、冷静和体贴，就像应付任何敏感的人一样。

名人往往比寻常人作更多的奉献，而且也有私人的嗜好。当你准备去拜访某位名流时，你可以预先做点谈话内容的准备，如果他是位知名度很高的名人，那么，你可以向有关方面的人去打听。比如他被邀来本地做演讲，而你想与他结识，那你即可向邀他来的单位或个人，索取有关他的资料，他们不会拒绝你索取资料的心意。

名气一般的名人，总是生活在情绪不稳定的状态，他们内在的恐惧，使他们脆弱敏感，别人稍有疏忽就会激怒他们，而且他们也容易傲慢。然而，他绝对需要你的尊重和顺从，他的名气愈小，他对于亲切、尊重的需要也就愈大。

褪了色的名人，也就是过时的名人，最好采取迂回的战术，也即是通过第三者来了解他的问题。你的开场白应当是积极的，如这些日子以来你是如何打发的呀？我们很久没有见你在公众场合露面，你去哪儿了？这么久不在舞台上露面，觉不觉得无聊呢？这些话等于当头泼他一盆凉水。消极的开场白，要尽量避免，这无论如何也无法使他表达他的真情了。这样接下去的话，都会成了废话。

在多数情形下，与名人谈孩子是不会错的。你可以问对方有几个孩子，多大了，他们现在在哪儿，以及孩子读的学校好不好，学习成绩好吗？如果你也当了爸爸或妈妈，那么，你就更具备和他们谈孩子的资格了。你可以告诉他们，你的孩子已经长大，或和对方的孩子同龄，你也可以向他们表达，你对孩子蓄长发的感觉，或孩子喜欢搜集小动物等等。且话题不要扯得太远，要适可而止。

我们与大人物接近，最重要的就是不要忽略了他们也是人，对待他们，完全要像对待平常人一样，他们也有欢乐，有悲伤，有缺点，有痛恨，有惊恐，是和平常人一样有感情的，他们并不是上帝或神的傀儡，他们并不因为有了地位就不再是人。他们是和你一样的，这即是你和他们接触最坚实的基础。

与老年人谈话的技巧◀◀◀

年龄不同，就有"代沟"。但"代沟"并不是不可逾越的鸿沟，掌握好与前辈交流的技巧，能让你获得更大的人生助力。

不听老人言，吃亏在眼前。这句中国老百姓耳熟能详的俗语，从一个侧面证明了人们对老年人智慧的肯定。所以，与老年人交谈往往能给我们许多人生的体验和启示。

所谓老人的智慧，通常都是在与他们的谈话中体会到的。但是仔细观察就会发现，喜欢与老年人交谈的青年，甚至中年人都太少了。他们或者埋怨老人说话啰嗦，或者认为他们所说的话题陈旧，或者认为他们思想保守，殊不知他们错过了分享老人智慧和经验的大好时机。

一般人是很难跟比自己年长三十岁以上的人谈得来的。三十年是一段很长的时间，生活方式、兴趣爱好、教育程度、社会风俗以及思想观念都发生了剧烈的变化。各方面距离都那么远的人，实在很难有共同志趣。

在这种情况下，同情和了解可以产生良好的融合作用。老年人多半喜欢追忆往事。如果你能引导他谈谈自己的过去，不但对他是一件很快乐的事，对你又何尝不是一个难得的机会？能够听到一个人亲口告诉你三十年前，或是五十年前的事情，这是十分难得的。

经过时间的淘汰和岁月的流逝，那些仍然深刻地留在老人们心中的，多半是一些印象深刻而生动有趣的故事。

有些老年人生命力相当旺盛，仍然关心着现在的社会，对报纸上的新闻仍然产生着浓厚的兴趣。那么，最好是让他们把现在的事情和过去做个比较。这不但是他们最喜欢的，同时也是年轻人最感兴趣的。

因此，年轻人在与老人谈话时要了解老年人以上的这些特点，并做好充分的准备聆听。一般来说，采取以下几种方法是比较受老年人欢迎的：

其一，从老年人过去光荣的历史谈起。例如：谈谈老年人过去得到的荣誉，老年人最喜爱的纪念品，老年人最清楚的历史事件等等。

其二，从老年人感触最深的话题谈起。例如：老年人的经历和今昔对比，老年人过去唱过的歌，老年人的日记或他们所读过的书等等。

其三，从老年人最关心的问题谈起。例如：老年人的衣食住行，老年人的保健及体育活动等。

其四，从老年人最尊敬和最关心的人谈起。例如：老年人所尊敬的爱国英雄，无产阶级革命家，他们的老上级，他们的老师等等。

第3章

投其所好：满足对方心理的口才智慧

俗话说："话不投机半句多，酒逢知己千杯少"。要想让别人对你的话语感兴趣，接受你的意见和观点，影响他人，赢得朋友，最重要的是要投其所好，从他所感兴趣的话题入手，找到他的兴奋点，在心理上满足对方，进行有效的沟通，这样做会让你事半功倍、心情愉快地解决问题、推动工作、增进了解、发展友谊。

口才智慧

投其所好让说话事半功倍◀◀◀

投入和回报总是要对等的，你能投人所好，别人才有可能给你期望的回报。

一次偶然的机会，雪亮与一位优秀的推销员一同去拜访他的一位大客户。没想到，几个人一见面谈得并不是生意，而是美国 NBA 的乔丹与卡尔·马龙之战。由于跟想象的情景相去甚远，雪亮一时间无法接受。雪亮和这名推销员是老朋友，在多年的交往之中，雪亮从来不知道他对篮球那么感兴趣。

事后雪亮特意问他："我从来不知道你对篮球如此热衷。"

听完雪亮的话，他笑着回答说："相信你也知道，干我们这一行的必须设法迎合顾客的兴趣。说穿了，推销员就像是一条变色龙，必须配合环境改变自己的颜色，以便避开困难，求得生存。因此，一名优秀的推销员必须去了解顾客的兴趣和关心的事项，唯有如此方能取得好业绩。"

雪亮又说："我还是不明白！因为我看你在谈论篮球时神采奕奕，像个大行家。事实上，我知道你对篮球并没有多大兴趣。"

"不是的，现在我对篮球的确是很有兴趣的，这是慢慢培养起来的。您不知道，我对足球也非常擅长，要知道，现在有成就的男性绝大部分是足球迷。"

"事实上，我比较喜欢高尔夫球，但那位客户是十足的篮球迷。所以，去拜访他之前，我一定会先翻翻报纸，了解各队的近况。我所做的，只不过是以讨好的话题去获取对方的心罢了。现在，我们能处得像好朋友似的，就是拜篮球所赐。而我的竞争对手之所以会落败，可能就是因为他从来不看报纸的体育版。"

投其所好定律要求我们在与别人打交道的时候，能够尊重对方的兴趣和爱好，这样更有助于建立良好的人际关系，正所谓"话不投机半句多，酒逢知己千杯少。"

懂得投其所好往往能带来意想不到的效果，试想，一个和你没有任何共同话题的人，又怎么可能和你继续谈论生意。

有一次，美国大思想家爱默生与独生子欲将牛牵回牛棚，但他们一前一后使尽所有力气，牛依然不肯进去。家中女佣见两个大男人满头大汗，徒劳无功，于是便上前帮忙。她仅拿一些草让牛悠闲地嚼食，并一路喂它，很顺利她就将牛引进了牛棚，剩下两个大男人在那里目瞪口呆。钓鱼时用的鱼饵，不是你所喜欢吃的东西，而是鱼最喜欢吃的食物。当你与客户交谈沟通时，不是你想卖什么？而是他想买什么？不是你想说什么？而是他想听什么？只有"投其所好"，才能把事办好，才能完成任务。

在电视连续剧《宰相刘罗锅》中，文武百官为乾隆皇帝送礼，有的送金银，有的送珍宝，唯刘罗锅送了一桶生姜，而乾隆独独龙颜大悦，赏赐刘罗锅黄马褂一件，穿着煞是风光，似乎白得了面子。

其实，刘罗锅并不是拍马有术，而是深知投其所好的妙处。试想，在乾隆皇帝的眼里，养这么多的官吏，不是为了搜刮天下财宝，而是为了保爱新觉罗氏的江山，独刘罗锅的那"一统（桶）江（姜）山"才体察了皇帝内心的初衷与苦心，这才保全了他的面子，赏赐了刘罗锅。这就是人脉高手善于洞悉、处理人际关系的奥妙所在。

冯先生是深圳一家民营房地产公司的董事长，在他刚刚创业的时候，人们对私营企业普遍存在一定的偏见，这使得冯先生的企业要想拿到各种批文还有一定的困难，这一点严重制约了公司的发展。他曾经对他的朋友说："在多次拜访国土局某局长失败后，我想再这样做，我将永远失败，在研究了人际关系并反复思考后，我想我应该找出对方喜欢的东西，来一个'投其所好'。"

"一天，我又到局长那里拜访。这一次，我学会了观察，我有了新的发现——局长办公座位上方有一幅巨大合影，是局长同余秋雨先生坐在沙发上交谈时的合影。"

"孙局，我一直想请余秋雨先生帮我签个名，但从未如愿，我听说，您跟余先生关系非常好，您怎么会跟他那么'铁'？"

"这一问有'立竿见影'的效果，孙局长的脸色马上变了。"

"这也没有什么了，我本人很喜欢文学，很多年前，余秋雨还没有成名前，我们就是朋友……"

冯先生还"小心翼翼""轻描淡写"地向孙局长提起自己与王蒙先生有很深交情。局长一听到王蒙，马上说："有时间，你请他到深圳来，我来请客。"

孙局长一下子变得热情起来，他们有了共同的话题，足足谈了两个小时。离开时，冯先生带走了已批过的申请报告和局长对他工作予以更多支持的承诺。

现在，虽然孙局长早已经退休了，但他们之间的交情仍在，依然是很要好的朋友。

著名的罗马诗人西罗斯说："当别人对我们产生兴趣时，我们就对别人产生兴趣。"所以，如果你要影响他人，赢得朋友，就应该学会投其所好，谈论他人最感兴趣的话题。

事情的解决方法总有一个好的切入点，使用蛮劲，只会适得其反，自己也会觉得累。只有多沟通，多思考，找到投其所好的切入点，才是最好的解决方法。

谈论别人最感兴趣的事物◀◀◀

兴趣是与人谈话最好的切入点。

一个华人在美国西雅图开了餐厅，为招揽顾客，每当客人餐后离去时，总要奉送一盒点心，内附精致"口彩卡"一张，上印有"吉祥如意""幸福快乐"等吉言。有一对情侣是这家餐厅的老顾客，他们俩在结婚的那一天，满怀喜悦来到这家餐厅，在他们期待良好祝愿的时刻，打开点心盒，却意外地发现没有往常的"口彩卡"，顿感十分不吉利，心里老大不高兴，他们便向老板"兴师问罪"，不论老板怎样赔礼道歉，他们就是觉得扫兴。看到这种情景，刚到美国探亲的老板的弟弟微笑着走上前去，说了一句美国常用谚语："没有吉言就是最好的吉言。"听到这句话，新娘破颜一笑，新郎转怒为喜，高兴地和他握手拥抱，连连道谢。

在意外事件面前，兄弟俩的处理方式大不相同，兄长采取的是正面消极应对策略，而弟弟采取的则是侧面出击，主动地投其所好的说话策略。兄长的做法不能消除意外事件给这对新婚夫妇造成的不祥之感，越赔礼道歉越加重这种情绪。弟弟通过对意外事件（没有口彩卡）作出机智的解释，直逼问题中心，较好地满足了对方的心理需要，既掩盖了过失，又消除了对方的不祥之感。

投其所好的方法最关键的在于找到切入点，切不可盲人摸象般胡乱谈论，最终导致让人与你背道而驰。打动人心的最佳方式是：跟他谈论他最感兴趣的事物。

拿纽约一家最高级的面包公司——杜维诺父子公司的杜维诺先生来说吧。

杜维诺先生一直试着要把面包卖给纽约的某家饭店，一连四年，他每天都要打电话给该饭店的经理，也去参加该经理的社会聚会，甚至还在该饭店订了个房间，住在那儿，以便成交这笔生意。但是他都失败了。

杜维诺先生说："在研究过这位饭店经理的为人之后，我决定改变策略。我要找出那个人最感兴趣的是什么——他所热衷的是什么。我发现他是一个叫做'美国旅馆招待者'的旅馆人士组织的一员。他不只是该组织的一员，由于他热忱，还被选为主席以及'国际招待者'的主席。不论会议在什么地方举行，他一定会出席，即使他必须跋涉千山万水。

　　"因此，这次我见到他的时候，我开始谈论他的那个组织。我看到的反应真令人吃惊。多么不同的反应！他跟我谈了半个小时，都是有关他的组织的，语调充满热忱。我可以轻易地看出来，那个组织是他的兴趣所在，他的生命火焰。在我离开他的办公室之前，他'卖'了他组织的一张会员证给我。虽然我一点也没提到面包的事，但是几天之后，他饭店的大厨师见到我的时候说，'但你真的把他说动了！'

　　"想想看吧！我缠了那个人四年——一心想得到他的生意——如果我不是最后用心去找出他的兴趣所在，了解到他喜欢谈的是什么话，那我至今仍然只能缠着他。"

　　有一位学者说过这样的话："如果你能和任何人连续谈上十分钟而使对方感兴趣，那你便是一流的沟通高手。"

　　这句话看来简单，其实也并不容易，因为"任何人"这个概念范围是很广泛的，也许对方是工程师、律师、教师或艺术家。总之，无论三教九流，各种阶层人物，你能和对方谈上十分钟使他们感兴趣的话，需要很高的说话涵养，要做到这一点很不容易。

　　不论困难或容易，我们先要渡过这个难关。常见许多人因对于对方的事业毫无认识而相对默然，这是很痛苦的。其实肯下点功夫，这种尴尬的情形就可以减少，甚至成为一流的"用情"高手也并非难事。

用家乡话来做见面礼◀◀◀

老乡见老乡，两眼泪汪汪。人都有一定的地域和乡情观念，尤其是中国人乡土观念比较重。如果能引起他人的亲近感，谈话就能进行得很顺利了。

既然是老乡，就必然有共同的特点存在于双方之间，其中很重要的一点就是"乡音"。

清朝末代的大太监李莲英的发迹可以说是运用了此种技巧的典型例子。

李莲英出身贫苦，个子瘦小，若以当时清朝宫廷太监的标准来衡量，他是根本不够资格的。可一次偶然的机会，李莲英听说在宫廷中有一个太监是他的老乡，且是同一村的。于是，他大胆地去找了这个老乡。

李莲英当时很穷，没有钱买东西去送礼。他知道这位老乡很重乡情，但怎样做才能引起老乡的注意却一直困扰着他。

终于，他想出了一个办法。一天，他瞅准了这位老乡出来当值时才去报名，然后用一口地道的家乡话说出了自己的姓名与籍贯。李莲英的这位老乡听了这声音，身体不由得抖了一下，遂抬头看了看眼前的这位小老乡，心里暗暗记了下来。

后来，在这位老乡的帮助下。李莲英做了慈禧太后梳头屋里的太监，因为梳得一头好发型深得慈禧宠爱，最后成了慈禧太后面前的大红人。

李莲英只说了几句话就博取了对方的注意与好感，但要注意的是，这几句话是家乡话，是乡音，而对方也恰巧是同乡人，且又同处异乡，在这种情况下，李莲英轻而易举地争到一个名额就不足为奇了。

用家乡话作见面礼，可以说是独树一帜的，它不需要物质上的东西。在这里，有一点是相当重要的，那就是运用这种方法的场合，最好是在异乡，因为在异乡才会有恋乡情绪，才会"爱乡及人"，这时再来个"他乡遇老乡"，哪有不欣喜之理？对方离乡愈久，离乡愈远，心中的那份情就愈沉、愈深。因此，越是这种情况，越要运用"乡音"这种技巧，你就会得到老乡给你的种种好处。

中国的乡土观念是同乡可信，因此，同乡人的情分就格外重要。如有一人"得道"，同乡也会"近水楼台先得月"，跟着沾光。"得道"的同乡，好比一座

指路灯塔，会引导更多的同乡走向升官、发财的道路。

李孝正先生新中国成立前移居美国，经多年的苦心经营，他在造纸、尼龙、纺织等领域站稳脚跟，家业超过百亿美元，被称为"华人五虎"之一。李先生祖籍山东，生长在黑龙江畔，多年海外生涯，对故乡的那份怀念之情一直未变。

1993年，75岁高龄的李孝正先生，在家人的陪同下，回大陆探亲旅游时逢"第三届国际招商引资洽谈会"在北京召开，李先生也到会场参观。在众多人流中，李先生被几个大嗓门吸引住了。

其中一个小伙子对一个外商说："联合办厂，可以先到我们那疙瘩去瞅瞅，路费我们掏，吃住全免费。俺们那的高粱米饭炖大马哈鱼贼有名，也贼香，撑不死你才怪呢……"

可能翻译太差，外商只是笑着摇头。而李先生听着那浓重的东北方言，是那么的悦耳，那么的亲切，激动得眼泪差点流出来。

李先生走近那个小伙子，亲切地问："你是东北人？"

"对啊！"

"你是黑龙江的？"

"啊呀，老爷子你真神了，我不认识你，你咋知道我呢？"

李先生风趣地说："高粱米饭炖大马哈鱼贼香呢，可惜我几十年没吃过了。"

"老爷子真逗，你去过黑龙江咋的，咋啥都知道呢？"

李先生把小伙子拉到一边，亲切地交谈起来。原来小伙子是黑龙江东方县人，前进乡准备搞一个食品罐头厂，这次代表乡政府来洽谈会上谈项目，项目投资200万元，谈了几家外商都未谈成。

李先生问："食品罐头厂的前景如何？"小伙子牛气十足地说起来："我们的主产品就是将大马哈鱼做成罐头，目前还没有这样的好产品。现在是快节奏时代，食品罐头前景看好……"

李先生问："你们那欢迎我这样的老头子吗？"

小伙子热情地回答："老爷子，这不把话扯远了吗？八方来者都是客，我们谁都欢迎。如果能为我们投资建厂，我们更是热烈欢迎。"

当小伙子听清"李孝正"三个字后，惊得睁大眼睛，怔了半天："啊呀妈呀，咱是老乡啊，您真是美国那个李先生？太知道了，知道你们家的钱多的能埋人……"

后来经小伙子引荐，李孝正先生特地走访了黑龙江，先后投资千万元项目资金，创办了几家企业。

正是小伙子的"乡音"为自己的家乡引来了投资。

所以，求老乡办事，不妨用"乡音"请求对方，对方深感亲切之余就会很容易地深出援手。

巧妙地寻找话题◀◀◀

巧妙地引发话题的本领是使你在交际中游刃有余的一项很有用的技巧。

交谈是增进人与人之间情感的润滑剂。很多人认为，与陌生人交谈困难重重。其实并不是这么回事。

有人说："交谈中要学会没话找话的本领。"所谓"找话"就是"找话题"。写文章，有了个好题目，往往会文思泉涌，一挥而就；交谈，有了个好话题，就能使谈话融洽自如。

与陌生人开口交谈关键是要找到共同点。你可以从一个人的服饰、举止、谈吐看出他的心情、精神状态和生活习惯。开始谈话前首先看对方有何与自己相同之处。例如：他和你一样都穿了一双耐克气垫运动鞋，你可以以耐克鞋为话题开始你们的谈话。与陌生人交谈，你最好寻找对方也熟悉的人和事，以此牵线搭桥，引出话题。尤其是双方都与之关系很深的人和事。当谈到此类话题时，你们之间的距离就会很快缩短。

与陌生人交谈，还可以巧妙地借用彼时、彼地、别人的某些材料为题，借此引发交谈。有人善于借助对方的姓名、籍贯、年龄、服饰、居室等，即兴引出话题，常常会收到好的效果。

与陌生人交谈时，还可以先提一些"投石"式的问题，在大略了解后再有目的地交谈，便能说得更加自如。如在聚会时见到陌生的邻座，便可先"投石"询问："你和主人是老乡还是老同学？"无论问话的前半句对，还是后半句对，都可循着对的方面交谈下去；如果问得都不对，对方回答说是"老同事"那也可谈下去。

如果能问明陌生人的兴趣，循趣发问，便能顺利地进入话题。如对方喜爱象棋，便可以此为话题，谈下棋的情趣，车、马、炮的运用，等等。如果你对下棋略通一二，那肯定谈得投机。如果你对下棋不太了解，那也正是个学习机会，可静心倾听，适时提问，藉此大开眼界。

引发话题的方法很多，诸如"借事生题"法、"即景出题"法、"由情入题"法等。可巧妙地从某事、某景、某种情感，引出一番议论。引发话题，类似"抽线头""插路标"，重点在引，目的在导出话茬儿。

不管怎么说，与生人聊比与熟人聊还是容易的。当互道"你好"后不知说什么时，可参考以下例句：

①通用问题类：（对谁都合适，虽无实质内容，但一问一答保证不冷场。）你常来吗？我没见过你呀，住得远吗？每周来几次？每次呆多久？认识多少人了？还去过哪里？你认为哪里的人比较多，比较好？你是怎么知道这个地方的？……此类交谈的作用是初步观察对方的相貌教养言谈风度等是否让人喜欢。

②相互了解类：（进一步了解性格、兴趣、爱好、层次，相互讨论，心理交流，让对方也了解你。）你有固定朋友吗？以前有过吗？那边那个人的衣服你觉得好看吗？平常喜欢什么运动？没事时都干什么？爱听谁的歌？爱看哪部电影？喜欢哪位运动名星……好，现在，你基本已知道他是不是你所喜欢的人了，也大致知道他可能不可能喜欢你。

③实质结局类：（你出来是交友的，不是聊天的，都聊了快半小时啦，不摊牌还等什么）

结局 A：对不起，我想去那边转转。抱歉，我有事得回去了。我有熟人，我要去和他说几句话。失陪了，我怕赶不上车……

结局 B：这是我的电话，有空联系。你能给我你的电话吗？你一般什么时候来，下次我等你。我有两张展览票，一起去看吧。后天去游泳好吗（今天有事，不能进一步，来日方长，以后有机会）？

结局 C：你出来不会是光转转的吧。我觉得你挺好的，我们到那边坐一会儿，那里没人。你愿意去我那里吗我可以抱你一下吗？（情投意合，还等什么）？

以上例句仅供参考。每人性格不同，思路各异，也没什么固定套路，只要气氛融洽，双方了解，最后跟着感觉走就是了。不过，交谈时间不必太长，二十分钟足够，长了让人烦。当你真正掌握与陌生人交谈的窍门，你会惊奇地发现，原来与陌生人交谈是这么容易。

学会选好说话的话题◀◀◀

每个人都有自己的话题禁区，不容他人擅自闯入。不然的话，后果轻则损害交谈，重则伤害感情，甚至导致对立或关系破裂。

谈话是一种心理沟通，也是思想与感情的交流，应当有利于解决问题、推动工作、增进了解、发展友谊，从而令人心情愉快。

每个人都需要别人的关怀和帮助，所以，关心对方也是一个永远受欢迎的话题。

有一位女记者，曾与伊丽莎白女王在鸡尾酒会上做过简短交谈。一开始，她就问女王："昨天是否在风雨中视察过铁矿？"这使女王十分惊讶。

原来，女王外衣染有红褐色的矿屑，经女记者提醒才发觉。

由于女记者的交谈从关心女王的话题开始，自然引起女王的好感，使得这次交谈十分融洽、成功。

在生活中，同病人谈治病强身，同家长谈培养子女，同青年谈发展方向，同主妇谈家庭生活，同学生谈如何提高成绩……这些话题无疑都是比较轻松愉快的。

精选话题时除了注意对方的需求外，还要小心避开"地雷区"，尽量选择那些"安全系数大"的话题。

所谓"安全系数大"，可以从两个方面谈起。

首先，不要交浅言深，误入禁区。

每个人都有自己的话题禁区，不容他人擅自闯入。譬如个人隐私、癖好，或残疾人士的生理缺陷等等，这一类内容应当加以避讳。不然的话，后果轻则损害交谈，重则伤害感情，甚至导致对立或关系破裂。

其次，避开可能引起对方伤感或误解的敏感话题。

交谈的话题除了有若干"禁区"之外，还存在着许多"敏感地带"，因此会话中也应当小心避开。

比如，同失恋者忌谈爱情与婚姻问题；同不幸者忌谈他遭受不幸的往事，甚至旁人的不幸，这会引起不幸者同病相怜的痛楚；同残疾人士的亲属交谈，最好不要提起他家庭中那一位残疾人等等。

会话中，有益于双方的共同语言和话题，应当多多益善。一般来说，这些最易于为双方接受。

这种共同的语言和话题往往具有地域相似、经历相似、职业相似、年龄相似、处境相似、志趣相似、文化相似、习惯相似等特点。初次相见的人，特别宜于从中寻觅话题。

谈谈"自己"的前提是假设对方与自己经历相似，有了解自己的意愿。若不是这样，那就有必要转换话题了。

总之，选择话题的奥妙很多，话题选择得好，对你的社交活动将会大大有益。

谈话时不能只讲自己◀◀◀

一个巴掌拍不响，剃头挑子一头热。如果谈话时只顾自己讲话，那就不叫交谈，变成独角戏了，最终效果可想而知。

某文艺编辑曾讲过一段故事。他邀一位名作家写稿，该作家非常难合作，各报社的编辑对他大伤脑筋。因此，这个编辑在见面前相当紧张。

一开始果不出所料，怎样都谈不拢。作家一味说："是吗……""也许是吧。""这我还真不清楚"，闹得这位编辑很是头痛，只好打定主意，改天再来，于是闲说起来。

他把几天前在一本杂志上看到的有关该作家作品近况的报道搬出来，说："您的大作最近要翻译成英文，在美国出版了?"作家见对方如此关心自己，就很感兴趣地听下去。编辑又说："您的写作风格能否用英文表现出来?"作家说："就是这点令我担心……"他们就在这种融洽的气氛中继续谈了下去。本来已不抱希望的编辑，此时又恢复了自信，获得了作家答应写稿的允诺。

没有人会喜欢一个谈话时只讲他自己，而不关心对方的人。人们只愿意和那些与自己有共同话题的人交往。

耶鲁大学文学教授威廉莱亚·惠勒普斯，在《人性》这篇论文中这样叙述：我在6岁那年，有一个星期六去斯托拉多姨妈家度周末。记得傍晚时分，来了一个中年男子。他先和姨妈嘻嘻哈哈谈了好一会儿，然后便走近我面前和我说话。当时我正迷上小船，整天抱着小船爱不释手地玩。以为他只是随便和我聊几句，没想到他对我说的全是有关小船的事。等他走了以后，我还念念不忘，对姨妈说："那位先生真了不起，他懂得许多关于小船的事，很少有人会那么喜欢小船。"

姨妈笑着告诉我，那位客人是纽约的一位律师，他对小船根本没有研究。我不解地问："为什么他说的话都和小船有关呢?""那是因为他是一位有礼貌的绅士，他想和你做朋友。知道你喜欢小船，所以专门挑你喜欢的话题和你说。"姨妈笑着告诉我其中的道理。

在日常生活中，一到周末，我们常看到许多青年男女伫立街头，他们中间有不少人是等待情侣相会的。这时有两个擦鞋童，正高声叫喊着以招徕顾客。

其中一个说："请坐，我为您擦擦皮鞋吧，又光又亮。"

另一个却说："约会前，请先擦一下皮鞋吧。"

结果，前一个擦鞋童摊前的顾客寥寥无几，而后一个擦鞋童的喊声却收到了意想不到的效果，一个个青年男女都纷纷要他擦鞋。这究竟是什么原因呢？

第一个擦鞋童的话，尽管礼貌、热情，并且附带着质量上的保证，但这与此刻青年男女们的心理差距甚远。因为，在黄昏时刻破费钱财去"买"个"又光又亮"，显然没有多少必要。人们从这儿听出的印象是"为擦鞋而擦鞋"的意思。而第二个擦鞋童的话就与此刻男女青年们的心理非常吻合。"月上柳梢头，人约黄昏后"，在这充满温情的时刻，谁不愿意以清清爽爽、大大方方的形象出现在自己心爱的人面前？一句"约会前，请先擦一下皮鞋吧！"真是说到了青年男女的心坎上。可见，这位聪明的擦鞋童，正是传送着"为约会而擦鞋"的温情爱意。一句"为约会而擦鞋"一下子抓住了顾客的心，因而大获成功。

学会推开"寒暄"之门 ◀◀◀

让陌生人尽快接纳你的办法就是投其所好。

一般来讲,寒暄是推销员与顾客进行沟通的第一关,寒暄得当,推销的第一道门也就应声而开,如上某公司或某顾客家,当双方交换名片之后,在对方说一声"请坐"之后坐下,不要急于将对方的名片装进口袋,应放在自己座位前面的茶几上或桌子上,以便于利用这段时间记住对方的职务和姓名。

有时候对方主动找话题,在这种情况下只要顺着对方的话题发挥就是了。但一般来讲应该自己先开口,譬如:

"百忙中来打扰您,真不好意思。"

如果事先没有预约则可说:"也没有事前跟您打个招呼就来了,很对不起。"

如果是刚上班,则可以说:"一大早就来打扰您,真对不起。"

如果是下午3点之后,则说:"这么晚了还来打搅您,真对不起。"等等。

接下来说一些关于时节之类的客套话,或祝福对方事业兴旺之类的客套话等。

有经验的推销人员可以省略上述老套,来一些别开生面的开场白,譬如可以从进公司第一印象说起。

"贵公司的员工真了不起,使我大吃一惊。"对方接下来可能会问:"从何说起呢?"你不妨答:"连我这样的人都受到如此热情的接待,可见一斑。"对方听到赞美他们公司的话一定会乐在心里的,如此一来也为下面的话题创造了一个良好的气氛。

不过上述开场白如果运用得不恰当的话就容易闹出麻烦来,所以新手最好不用,等有了经验之后再用。

除非对方催促或没有时间,否则开场白仅三言两语就草草了事的话并不一定好,在双方气氛尚未融洽之前进入主题的话,效率也一定都很低,所以不能操之过急。

在对方接待室会谈的时间一般来讲以三四十分钟为宜,但是,这也要看当时的具体情况,当你得知对方很忙,或者对方员工频繁地进进出出,像在商量什么事情似的，或者对方坐不住也沉不住气，像有什么事的样子，或者另有客人在等着对方接见等，那就要针对当时的情况及时地采取措施，即使没有谈完也要体谅对方，先行告辞，以便改日再谈。

谈话时若有人为你端来茶或咖啡，要小声地说一声"谢谢"并点头致谢，这虽是常识，但商谈进入高潮时往往容易被忽略。对端茶的人有礼貌的话，很容易取得对方的好感，也有利于谈判的气氛，可别小看这些小动作。

相互问候之后进入商业谈判之前往往有一个"冷场"的时间，如何处理好这段时间较为困难，如果把见面时的开场白作为谈话的第一步战略，那么这个时间的谈话就算是第二步战略了。这时，要尽快地引出让对方很感兴趣的话题，这对于谈判的成功是相当重要的。

访问之前，如果你搜集了对方的有关资料，为第二步战略做好了充分准备，谈话时就可以得心应手、滴水不漏，若没有掌握对方这一方面的资料也不知道对方的兴趣、爱好或经历，就一定要千方百计地想办法寻找共同的话题。例如，称赞茶、咖啡等饮料味道好，办公器具高雅别致，椅子沙发高级等。当你说"你的沙发真有点总经理的派头"时，对方会微微一笑，觉得你这个人挺有意思的。墙壁上如果挂有匾额或字画的话，就可问："您喜欢字画吗？"总而言之，只要认真观察琢磨，周围可作话题的实在很多。

电视新闻、体育比赛也可以作为话题。譬如在世界杯期间，可问对方："您喜欢看足球吗？"如果对方回答"喜欢"，则可以进一步问："您喜欢哪一支球队？"进而还可拿昨天比赛的胜负作话题。

对方可能是球迷，也可能因昨天自己喜欢的那支球队输了球而心情不佳，也有的人可能因工作繁忙或者没有兴趣而对体育比赛漠不关心，所以自以为是地乱发挥是不行的。聊天时要注意观察对方的表情及反应，若对方不感兴趣则要及时变换话题。

初次见面就谈得投机的话接下来就比较顺利了。一般说来这种情况下应说一些高兴的事，不要讲一些令人丧气的事。如果对方天南地北地说个不停，那你就要好好听着，再根据时间及情况，顺理成章地把话题转入正题。

从对方得意的事情说起◀◀◀

　　每个人都有自己值得骄傲的地方，谈话时如果能自然而然的谈到对方得意的事情，就很容易获得他人的好感。

　　每一个人都有自认为得意的事情，这事情的本身，究竟有多大价值，是另一问题，而在他本人看来，却认为是一件值得终身纪念的事。你如果能预先打听清楚，在有意无意之间，很自然地讲到他得意的事情，只要他对你没有厌恶的情绪，只要他目前没有其他不如意的刺激，在情绪正常的情况下，他一定高兴听你说的。

　　你在说的时候当然要注意技巧，表示敬佩，但不要过分推崇，否则反而会引起他的不安。对于这件事情的关键，要慎重提出，加以正反两方面的阐述，使得他认为你是他的知己。到了这种境地，他自会格外高兴，自会亲自演述，你该一面听，一面说几句表示赞赏的话，如此一来，即使他是个冷静的人，也会变得和蔼可亲，你再利用这机会，稍稍暗示你的意思，作为第二次进攻的基点。这不是你的失败，而是你的初步成功，对于涉世经验不丰富的人，得此成绩，已不算坏，你若想一举成功，除非对方与你素有交情，又正逢高兴的时候，而且你的谈吐又是很容易令人接受的，否则千万不要存此奢望。

　　不过对方得意的事情要从哪里去探听，那当然要另谋途径，试就你的朋友之中，是否与对方有交往的人，如果有的，向他探听当然是最容易的。你如能留心报纸上的新闻，或其他刊物，平日记牢关于对方的得意事情，到时便可以应用。此外随时留心交际场中的谈话，像这些时候谈到对方得意的事情，也是很平常的事。但是必须注意，对方得意的事情，是否曾遭某种打击而消灭，如有这种情形，千万勿再提起，以免引起对方不快，反而对你不利。因为对方在高兴的时候，你的请求，易于接受；对方不高兴的时候，虽是极平常的请求，也会遭到拒绝。比方他新近做成一笔发财生意，你去称赞他目光准，手腕灵，引得他眉飞色舞，乘机稍示来意，也是好机会。诸如此类的例子很多，全在于你随时留心，善于利用。

　　不过当你提出请求时，第一要看时机是否成熟，第二说话要不亢不卑。过分显出哀求的神情，反而会引起对方藐视你的心理。你的心里尽管十分着急，说话表情，还是要表示大方自然，并且要说出为对方着想的理由来，而不是为你自己打算。

找准对方与你的契合点◀◀◀

对自己身上所不具备的东西感兴趣，这是人的本性。因此，在与他人沟通的过程中，充分利用这一点。

世界上没有两个一模一样的人，同样，也没有在性格、思想、能力上完全一样的人。在和别人打交道的时候，我们更多的时候是去面对别人与众不同的特点，有时甚至是缺点，所以，找到别人和自己的契合点非常重要。

和谐的关系是懂得彼此的差异性并力求互补的结果。对自己身上所不具备的东西感兴趣，这是人的本性。一起玩得特好的朋友，也常常是彼此互补的人。

民国时期的国学大师黄侃留学日本时，结识了刘师培，两人相与筹谋革命，相互学习，交往日深，成为知己。

辛亥革命后，袁世凯想恢复帝制，便四处拉拢社会名流，他找到黄侃，并赠洋 3000 元和一枚一等金质嘉禾勋章，想让黄侃为他写《劝进书》。黄侃拿了袁世凯的赏钱，却并不做事，整天四处游玩，并将那枚勋章挂在一只黑猫的脖子上。而刘师培禁不住富贵利禄的引诱，先变节为密探，后来成了"筹安会"六君子之一。

刘师培有一次劝黄侃支持帝制，黄侃声色俱厉地说："如此等事，请先生一身任之。"然后拂袖而去，在座的其他人也跟着黄侃一哄而散，弄得刘师培狼狈不堪。

1917 年，黄侃与刘师培再次在北京相遇。此时的刘师培因参加"筹安会"，正处于穷困潦倒之际。黄侃便到蔡元培那里，推荐刘师培在北京大学授课，解决了他的生计问题。

两年以后，重病在身的刘师培，因怕自己平生所学失传而焦心。黄侃安慰道："君今能在北大授课，就别再为无接续而发愁了。"刘师培凄然说："那些人都没有能力担当此任！"黄侃禁不住问："那谁能担当呢?"刘师培说："唯君足以担当此任！"黄侃正色道："如果真是那样，刘先生不弃，侃愿执经受业。"

第二天，黄侃叫妹夫预订上好酒席一桌，将仅年长两岁的刘师培请至上席，叩头行拜师大礼，从此对刘师培改称老师。黄侃还对妹夫说："《三礼》为刘氏家学，今刘肺病将死，不这样做就不能继承绝学。"

数月后，36岁的刘师培终因肺病不治而早逝。黄侃以弟子之名亲撰《先师刘君小祥会奠文》以示哀悼。小学是经学的工具，而经学又是小学的材料。作为小学大家的黄侃如此重视经学，令人赞叹不已。他拜朋友为师，也成为士林佳话。

黄侃就是能够找到和朋友的契合点的人。在刘师培成为"筹安会"六君子之后，仍然和他来往，并在最后，为不使刘师培的绝学失传，毅然改朋称师。虽然在政治上，两人观点鲜明，截然不同，但正是两人对国学的热爱才使他们一直都保持着很好的关系。

所以，在我们和别人相处的时候，不要只看到别人与自己的分歧，应该多看到朋友的优点，找到彼此都相互接受的地方，相互学习，来扩大自己的"面积"或者"容量"。这是一个相互磨合互补的过程。

哈维·麦凯，如今拥有价值数百万美元的有限公司。可他大学刚毕业的时候，却十分迷恋高尔夫球，想成为一名职业高尔夫球手，但遭到了父亲的强烈反对。父亲为了让他彻底放弃高尔夫球，做一些实实在在的事，经常安排儿子和一些已取得了巨大成就的企业家们接触。父亲很清楚儿子是个英雄崇拜者，这些"英雄"们一定会对他产生影响。

有一次，哈维·麦凯刚刚迈进汉姆弗利的办公室，这位职业政客就从椅子里跳起来，热情地说："哈维，亲爱的，一位很好的高尔夫球手，真羡慕你。我多想也能有你这种天分。"说着他把哈维拉到了窗前，指着白宫的方向继续说："艾森豪威尔就是一个出色的高尔夫球手，说不定现在这位总统正在他办公室的地毯上练习高尔夫呢。努力吧，哈维，你也会成为一个总统的。"

哈维清楚地知道，这位政客把他当作了工作的对象——一位即将成为选民的青年。只几分钟时间，这位老练的政客就征服了他的对手，使哈维成了他的朋友、竞选支持者和资助者。对方找到了他需要的一面，而哈维也得到了他的一面：他决心要学汉姆弗利的精神，照着他的长处去做事，果然长劲很大，走向了成功。

所以，与所有人相处都可以找到让自己学习的一面，也就是说能结合到你看好的那一面。要尽最大的努力去了解和你相处的人们，这样你才能找到你和他们的契合点。找到以后，就尽量在这个契合点上多做接触，对于那些你们有分歧的地方，就可以尽量避开，这样你的朋友就会一个一个地多起来，你在人群中也会逐渐变得受欢迎。

在心理上满足对方◀◀◀

求人办事，如果能感动别人来帮助你，这是最好的办法。但要感动别人，就得从他们的需要入手。

想要一个人帮你做任何事情，唯一有效的方法就是使他自己情愿。同时，还必须记得，人的需要是各不相同的，各人有各自的癖好偏爱。只要你认真探索对方的真正意向，特别是与你的计划有关的，你就可以依照他的偏好去对付他。

你首先应当将自己的计划去适应别人的需要，然后你的计划才有实现的可能。比如说服别人最基本的要点之一，就是巧妙地诱导对方的心理或感情，以使他人就范。如果你特别强调自己的优点，企图使自己占上风，对方反而会加强防范心。所以，应该注意先点破自己的缺点或错误，使对方产生优越感。

此外，有些被求者，以为帮助了别人，有恩于你，心理上会不自觉地产生一种优越感，说不定还要对你数落一番。当你认为自己可能会被人指责时，不妨先数落自己一番，当对方发觉你已承认错误时，便不好意思再指责你了。

有一位年轻人是美国有名的矿冶工程师，毕业于美国的耶鲁大学，又在德国的弗莱堡大学拿到了硕士学位。可是当年轻人带齐了所有的文凭去找美国西部的一位大矿主求职的时候，却遇到了麻烦。原来那位大矿主是个脾气古怪又很固执的人，他自己没有文凭，所以就不相信有文凭的人，更不喜欢那些文质彬彬又专爱讲理论的工程师。当年轻人前去应聘递上文凭时，满以为老板会乐不可支，没想到大矿主很不礼貌地对年轻人说："我之所以不想用你就是因为你曾经是德国弗莱堡大学的硕士，你的脑子里装满了一大堆没有用的理论。我可不需要什么文绉绉的工程师。"聪明的年轻人听了不但没有生气，反而心平气和地回答说："假如你答应不告诉我父亲的话，我要告诉你一个秘密。"大矿主表示同意。于是年轻人对大矿主小声说："其实我在德国弗莱堡大学并没有学到什么，那5年就好像是稀里糊涂地混过来一样。"想不到大矿主听了却笑嘻嘻地说："好，那明天你就不定期上班吧。"就这样，年轻人在一个非常顽固的人面前通过了面试。

美国著名政治家帕金斯30岁时就任芝加哥大学校长，有人怀疑他那么年轻是否能胜任大学校长的职位，他知道后只说了一句话："一个30岁的人所知道的

是那么少，需要依赖他的助手兼代理校长的地方是那么多。"就这短短一句话，使那些原来怀疑他的人一下子就放心了。人们遇到了这样的情况，往往喜欢尽量表现出自己比别人强，或者努力地证明自己是有特殊才干的人，然而一个真正有能力的领袖是不会自吹自擂的，所谓"自谦则人必服，自夸则人必疑"就是这个道理。

在说话和办事过程中，你要努力做到这点——先在心理上满足对方，这样事情就会变得简单、顺利多了。

第 4 章

言辞得体：让人心存好感的口才智慧

有礼走遍天下。要想使自己快速给人留下良好印象，有效进入对方心灵，就必须在与人交流中做到得体有礼。与人交往，语言在某种程度上其实是一种礼仪，它代表了你的修养和水平，代表了你是否把别人放在心上。因此，为了有效获取别人好感，在交往过程中，我们须做到一开口就得体有礼。

口才智慧

说话时的第一印象很重要◀◀◀

第一印象在人际交往中所产生的定势效应有很大的稳定性，一个人留给他人的第一印象就好像深刻的烙印，很难改变。

"印象"，是一个人的某些特征在他人头脑中留下的迹象。而"第一印象"，是在与人初次接触时给对方留下的形象特征，心理学上称为"首因效应"。著名演讲家谭尔·贾耐基说："最近，我在纽约参加过一个宴会，中间有一位少女，她在不久之前得到了一笔巨额的遗产，所以她就花了大量的金钱，把自己从头到脚装饰得十分华丽。她为什么要这样做呢？无疑的，她是想让宴会中的宾客，每个人对她都有一个好印象。可是，不幸得很，她的衣饰是足够富丽了，但是，她的一副面孔，十分的深沉，有着一股凌人的傲气，令人看了无论怎么也不会生出愉快的感情来。她只知道在自己的服饰上用工夫，而忘掉了人最要紧的是面部的表情。"

确实，一个人有着一张笑脸，那是谁都欢迎的，如果老是一张哭丧脸，那么无论服饰怎么富丽，也会使人讨厌。这情形不单有关于女人，凡是男女老幼，都是一个样的。两个孩子，一个是天真烂漫，十分快乐的，一个愁眉蹙额，老是一副哭丧相，试问你喜欢哪一个孩子呢？

良好的第一印象是成功交往、创建和谐的人际关系的良好开端。因此，在与人初次交往的过程中，要注意给人以良好的第一印象。该怎么做呢？

首先，礼貌待人，主动热情。礼貌待人要求用语礼貌，使用"请""谢谢您""对不起"等日常礼貌用语既是对别人的尊重也是对自己的尊重。另外还要举止得体，坐有坐相，站有站姿，不忸怩作态，也不随意放肆。主动热情要求在交往中表现为喜欢、赞美和关注他人。同时良好的卫生习惯、机灵勤快也能给人留下深刻的印象。

其次，积极求同，缩短距离。人际交往中有个重要的原则：相似性原则。双方只要在兴趣、爱好、观点、志向，甚至年龄、籍贯、服饰等方面有相同之处，往往可以缩短彼此间的距离，消除陌生感。常言道：亲不亲，故乡人；美不美，故乡水。异邦遇同乡，他地谈故里。初次交往积极寻求接近的共同点，会给人留下良好的第一印象。

　　最后，了解对方，记住特征。与人初次交往之前，如有可能要尽量了解对方的情况，作为相识和交谈的基础。譬如你了解到对方喜欢养花，那你就可以在谈话时说些有关养花的逸闻趣事，对方一定对你的谈话感兴趣。

别板着面孔说话◀◀◀

人际交往中，与别人谈话，无论双方意见或说法是否一致，都不能板着面孔说话。首先这是对双方交谈的一种不尊重，其次也会招致对方的反感，最后此次谈话也只能是不欢而散。

我们与人交往、谈话无非有两种人：一种是早已熟悉的人，如亲人、朋友和同事；一种是陌生人。和熟悉的人谈话板着面孔，或许还可以得到理解和谅解。和陌生人谈话第一印象是非常重要的，它的好坏直接关系到谈话的结果，只有给人家一个好印象，才能顺利交谈，发展友谊，取得交际的成功。

从前，有个年轻人骑马赶路，累了想找一家客店休息，遇到一位老农，他在马上喊："喂，老头儿，这有旅店吗？还有多远？"老农说："无礼！""五里？"他快马加鞭跑去，跑了十几里，也不见人烟，心中纳闷，猛然醒悟过来，拨转马头又往回赶。见到那位老农，急忙下马，诚恳道歉说："老伯，请你原谅，我刚才太没礼貌了。您能告诉我，哪儿有旅店吗？"老农笑说："年轻人，知错改错就好，你已经错过旅店，我也不让你白跑，如不嫌弃，今晚就到我家住吧！"年轻人满心欢喜地跟老农走了。

从这个故事中，我们可以看到，不同的言谈情态会引起对方不同的感应和对待。这类的例子很多，每个人都会碰上。

俗话说"人都是有感情的动物"，你尊重别人，热情待人，谁会驳你的面子呢？

斯诺的夫人韦尔斯也是一个记者，她第一次采访毛泽东时先热情洋溢地拿出一张斯诺拍的照片，有了这张窑洞前毛泽东的照片，一下子拉近了她和毛泽东的距离，陌生感化为乌有，谈得十分亲切、随便和融洽。韦尔斯在西安采访王震时，一见面她就微笑着说："我记得咱们俩是同年的。当年我在延安时是28岁，现在已经72岁了。你是不是也是72岁呢？"王震一听，顿时笑了，直爽地回答了她的问题。于是俩人像两个"老熟人"在拉家常一样，采访得以顺利进行。

我们每个人与人交谈一定要开朗、热情、生动，因为人不是受到什么强迫才接近谁、喜欢谁；也不是由于什么人出类拔萃、有成就、有名气，才去接近、喜欢这个人。亲切的话语，温暖的微笑，一下子拉近了心理的距离。即使大人物，只要他善于交往、谈话，也必然如此。相反，冷冰冰整天板着个面孔，无论对什么人都是无益的。

正确进行自我介绍◀◀◀

自我介绍是最常见的与他人认识沟通、增进了解、建立联系的方式。

自我介绍，在一般情况下就是把自己的情况介绍给陌生的交际对象。如姓名、身份、职业、特长等，意在使对方了解自己，尽可能为自己提供方便，并与对方建立联系。人们初次见面，都会产生一种了解对方并渴望得到对方尊重的心理，及时简明的自我介绍，可以满足对方的这种渴望，对方也会以礼相待，作自我介绍。

在日常生活和工作中，人与人之间需要进行必要的沟通，以寻求理解、帮助和支持。在社交活动中，想要结识某人，而又无人引见，可以向对方作自我介绍。自我介绍的内容，可根据实际的需要、所处的场合而定，要有鲜明的针对性。在某些公共场所和一般性社交场合，自己并无与对方深入交往的愿望，作自我介绍只是向对方表明自己身份。这样的情况只需介绍自己的姓名，如"您好，我叫王海"或"我是王海"。有时，也可对自己姓名的写法做些解释，如"我叫陈华，耳东陈，中华的华"。如果因公务、工作需要与人交往，自我介绍应包括姓名、单位和职务，无职务可介绍从事的具体工作。如"我叫王海，是荣发公司的销售经理"。

在社交活动中，如果希望新结识的对象记住自己，作进一步沟通与交往，自我介绍时除姓名、单位、职务外，还可提及与对方某些熟人的关系或与对方相同的兴趣爱好。

进行自我介绍，要简洁清晰，充满自信，态度要自然、亲切、随和，语速要不快不慢，目光正视对方。在社交场合或工作联系时，自我介绍应选择适当的时间，当对方无兴趣、无要求、心情不好，或正在休息、用餐、忙于处理事务时，切忌去打扰，以免尴尬。若在讲座、报告、庆典、仪式等正规隆重的场合向出席人员介绍自己时，则应简短又细致地介绍自己。

得体称呼能缩短心灵距离

正确恰当的称呼，不仅能体现对对方的尊敬和自身的文化素质，更能促使交际的成功。

称呼是指人们在正常交往应酬中，彼此所采用的称谓语。它是言语交际的"先锋官"，在日常生活中，称呼应当亲切、准确、合乎常规。

俗话说："良言一句三春暖。"称呼得体就像行个见面礼，使对方获得心理上的满足，使沟通顺畅，交往成功。反之，称呼不得体往往会引起对方的不快甚至愠怒，使双方陷入尴尬境地，造成交往梗阻乃至中断。由此可见，称呼得体与否在很大程度上决定着人们交往活动的成败和管理效果的优劣。因此，不论是从事何种职业的一般人，还是身负一定职务的领导人或管理者，要想生活愉快、事业发展，都需要注意研究人际称呼的技巧，努力提高自己的称呼艺术。

得体的称呼能缩短人和人之间的心理距离，使人心情舒畅，有助于形成亲密和谐的人际关系。而良好的人际关系又是使人精神振奋、心理健康和提高工作效率的重要条件。

那么，怎样称呼才算得体呢？其实称呼并没有什么统一的模式。不同的地区、不同的民族和不同的语言传统，称呼的习惯可能差异很大；不同的职业、职务、性别、年龄的人，对称呼的需要和期望也不尽一样。这就造成了人际称呼的复杂性和多元化，增加了称呼得体的难处。但有一条是共同的，那就是要尊重他人和礼貌待人，这样，对方心里就会产生一种自豪感和满足感，反过来对方也会乐于与你接触，主动和你沟通，这就使交往有了良好的开端。但仅有此还不够，在具体称呼时还要注意做好以下几点。

1. 记住对方姓名

姓名不仅是将自己与他人的存在予以区别的标志，而且不少人的名字还凝聚着父母对子女的期望。由于自尊的需要，每个人都会重视和珍爱自己的名字，同时，也希望别人能记住和尊重它。因此，当自己的名字被别人叫到时，就认为自己受到尊重，心里感到愉悦，对称呼自己的人怀有亲切感。古今中外，一些领导人、政治家和企业家对人的这种心情很了解，与人寒暄时不只说句"您好"，而

是在"您好"前面或后面冠以对方名字，这样做起到了很好的心理效应。我们对久别之后仍能一下子叫出自己名字的人，总是感动万分、钦佩不已的原因，就是因为这个缘故。

2. 符合年龄身份

称呼必须符合对方的年龄、性别、身份和职业等具体情况。对年长者称呼要热情、谦恭、尊重；对同辈则要态度诚恳，表情自然，亲切友好，体现出你的坦诚；对年轻人要注意慈爱谦和，表达出你的喜爱和关心；对有较高职务或职称者，要称呼其职务或职称。总之，要讲究礼貌，既表达出你对对方的真诚和尊重，又不卑不亢。切勿使用"喂""哎"等来称呼人，同时，也应力戒点头哈腰，满嘴恭维话。

3. 有礼有节有序

在与多人打招呼时，如果群体中有年长者，也有年轻人或异性在场，就要注意称呼的顺序。一般来讲，应先长后幼，先上后下，先女后男，先生疏后熟识为宜。称呼最能表达说话人的道德修养、知识水平和文明程度，也体现着他的交往技巧。称呼兼顾长幼的差异，会使年长者觉得受了尊重，年轻人也心中坦然；如顺序颠倒，不但会使年长者不满，而且被称呼到的人也会感到窘迫。再者应注意尊重女性，在与一个同样年龄、身份的群体打招呼时，先称呼女性，会使对方感到你有较高的素养，从而乐于与你交往。

需要强调的是，以上各点并不是孤立的，而是彼此制约、密切相关的，它们从不同侧面共同决定着称呼的得体与否以及称呼得体的程度。在日常生活中我们只有依据称呼对象和交往场合等的具体情况，从多方面分析称呼对象的称呼需要，选择得体的称呼语，才能收到最理想的称呼效果。

学一点寒暄的语言技巧◀◀◀

轻松得体的寒暄可以有效地缓和交流的隔阂感，迅速调动起交流双方的热情。

寒暄又叫打招呼，是人与人建立语言交流的方法之一，是交谈的润滑剂，它能使朋友在某种场合心领意会，让不相识的人相互认识，使不熟悉的人相互熟悉，把单调的气氛活跃起来，为双方进一步攀谈架设友谊的桥梁。

1984年9月，中国与英国关于香港问题的第22轮会谈在钓鱼台国宾馆开始了。

中方代表周南和英方代表伊文思相遇并寒暄起来。

周南说："现在已经是秋天了，我记得大使先生是春天前来的，那么就经历了三个季节了：春天、夏天、秋天——秋天是收获的季节啊！"

这是发生在中英关系史上的一次重要谈判，时间是1984年秋季——达成协议的关键时刻。内容是我国对香港主权的收复问题。

周南在这次轻松的寒暄中，运用暗示、双关的手法，巧妙利用交际的时令特征，即秋天的特点及其象征意义——成熟与收获，将我方诚恳的态度和希望以及坚定的决心，含蓄委婉地表达了出来。

这种寒暄意味深长，具有强烈的针对性和灵活的策略性，无穷之意尽在言外。

在我们日常生活中，寒暄的主要形式有以下几种：

路遇式寒暄。就是在路途上或一些公共场所里遇到熟人，顺便打个招呼。一种是对经常见面的熟人，握握手，说上句"你好""上班去呀"，在路上骑车相遇，相互点点头，微笑一下，摆摆手，不用下车，擦肩而过。另一种是在路上遇到较长时间没有见面的熟人，这时不可以点头再过，要停下来，多说几句。如有急事要办，则要与对方说清楚再离开，这是人际交往的基本常识。

会晤前的寒暄。如约见了面，或客人来了后，在交谈正题之前的问候。一种是常见的也是最起码的问候方式，如"您好""请进""请坐"等。另一种是特殊情况的问候方式，如对病人、老人、师长、好友，或是遇到大病初愈、长途旅

行、身遭不幸等情况，寒暄问候则要格外体贴入微，暖人心扉。

寒暄的内容主要有以下几类：

关怀式寒暄。这是常见的寒暄方式，真挚深切的问候，对于加深人际间的感情，有着重要的作用。

激励式寒暄。就是在寒暄的几句话中，给人以鼓舞和力量。几句寒暄，就能给人以很大的激励。

幽默式寒暄。寒暄中加点幽默诙谐的成分，对协调交际气氛是很有效果的，人际间良好的沟通与深切的友谊就是在这幽默的寒暄中建立起来的。

夸赞式寒暄。无论谁清早起来，接连听到几个诸如"您起得好早啊""您身体越来越好啦"的赞美式寒暄，一定会感到这一天心情格外舒坦愉快。夸赞式寒暄也要讲点技巧，其中之一就是夸赞的内容最好要具体一些，这样才能产生较大的作用。

在寒暄中，应注意以下几点：

1. 要注意对象。寒暄要因人而异，不要对谁都是一个调。

2. 要注意环境。在不同的环境，要进行不同的寒暄。

3. 要注意适度。寒暄要适可而止，过多的溢美之词则会给人以虚伪客套之感。

总之，恰当的寒暄，能给不快的人以安慰，给久别重逢的人以关怀，给邻里亲友以欢乐，并由此沟通感情，联络友谊，促使人际交往达到水乳交融的佳境。

说话要恰当得体◀◀◀

说话得体原则是口语表达的最高原则，一个人只有说话得体，才能更好地实现交际目的，取得圆满的成功。

从口语表达过程看，说话者所说的内容，一要适合身份，二要适应对象，三要适应语境。简而言之，得体就是说话得适当、妥帖、恰到好处，即适时、适情、适势、适机、适人，一切都适度、恰当。下面我们就上述三个方面的具体表现，简略分析一下说话得体的原则标准。

1. 适合身份

人在说话时总是以一定的社会角色——特殊的身份、地位出现在交际对象面前，因此，一旦进入交谈，说话者的言行举止都会被交谈对象所评判，评判的第一标准就是是否得体。作为表达者，符合得体这条原则主要是把握准自己的身份、地位和文化修养所形成的形象和客观的要求。人们之所以对身着西装革履看起来风度翩翩却满口粗话、脏话的人不屑一顾，就是认为他缺少教养，言行举止与衣着所体现的身份不相吻合。有一年，某地举行修辞学年会，会长在开场白中这样说："先让我这个老猴来耍一耍，然后你们中猴、小猴耍。我老猴肯定耍不过你们，不过总要带个头吧。"代表们听后觉得很有意思，都笑着鼓掌。这是因为，首先，会长既是与会者中的最高权威，又年近古稀，把自己比做老猴，把其他与会者比做中猴、小猴，不仅描绘出老中青三代共聚一堂、切磋砥砺的学术气氛，而且妙趣横生；其次，在修辞学的研讨会上，会长故意用这种修辞手法表示自谦，与主体身份、客观对象和具体场合都十分协调，因而可以取得好的效果。但如果换一个中年人即使是会长说出这样的话，如"我是个中猴，先让我来耍一耍，耍后请老猴和小猴耍"，就不得体了。因为听的人必定产生反感：把德高望重的老先生称作老猴是一种大不敬，按他的身份是不能这样打比方的。所以，在进行口语表达即开口说话之前，一定要把握好自己的社会角色，想一想"说哪些话"和"哪些话能说"的问题，从而形成良好的语言形象。

2. 适合对象

1927 年，秋收起义失败后，毛泽东在浏阳文家市里仁学校的操场上，对当

时被打散后又重新集结的起义队伍作了一次生动的演讲："我们工农武装力量现在很小，就好比一块小石头，蒋介石反动派现在力量很大，就好比一口大水缸。只要我们咬咬牙，挺过这一关，我们这块小石头就总有一天会打烂蒋介石那口大水缸。"毛泽东用"小石头"终究会打烂"大水缸"的比喻，深入浅出地说明了革命必胜的道理，战士们很容易理解和接受。这种说法非常切合出身于工农的起义战士的特点，因为他们的文化水平不高。如果换成"我们工农武装代表社会发展的进步力量""蒋介石反动派是阻碍社会发展的反动力量""反动力量终究会被进步力量所战胜"等抽象术语来演讲，这些工农战士就不那么容易理解和接受。切合听众的特点，在一般的情况下，主要是切合听众对象的文化水平。不同的文化程度制约了人们对语义的理解，也制约了人们对言语组织形式的理解。如果不能切合听众的文化水平，就会出现说话人自命高雅，听者不知所云的情形。如某幼儿园大班的一小朋友，见妈妈留客人吃饭，便也拖着客人的衣角不让走。客人问小朋友有什么好"招待"的，小朋友只是瞪着眼望着，客人忙改口说："你有什么好吃的?"小朋友这才"巧克力、旺旺饼、口香糖……"一口气数开了。这里用"好吃的"取代"招待"，正是适合了小朋友的知识水平和理解能力。

此外，适合对象还应注意对象的性格特点、心理特征与对象特定的人际关系等。

3. 适应语境

说话适应特定的言语交际环境，是指所选择的语言材料、言语内容、表达手段和话语结构安排要切合特定的社会文化背景和自然环境，切合特定的时间、地点、场合和语言环境等语境要素。

1993年底，香港宝莲禅寺天坛大佛举行开光大典。新华社香港分社社长周南、港督彭定康均应邀做主礼嘉宾。仪式结束后，彭定康答记者问指责我港澳办关于香港问题的声明"并不是一份有特别吸引的圣诞礼物"。记者以此请周南发表意见，周南以"佛教的日子"为由不予评论，因为在宗教圣地，参加宗教仪式，双方展开外交争论是不合时宜的。无奈记者追问再三，周南顺口答道："谁搞'三违背'定会苦海无边，罪过罪过。谁搞'三符合'，自是功德无量，善哉善哉。"末了一句"阿弥陀佛"，引来在场者阵阵掌声和笑声。

周南选用佛家语汇作答，应情、应景、应时、应物、应人，又表明了自己的原则立场，十分耐人寻味。

善于用环境来衬托说话 ◀◀◀

文化环境指一个民族在自己的历史发展中形成的独特的风格与传统。我们在讲话中要善于运用这种社会大环境，来衬托自己说话的小环境。

人们在一定的社会文化中使用语言，社会文化、历史等因素又渗透在语言之中，制约着语言的运用。社会文化背景，指社会场合，包括时间、地点、场合、气氛、事件背景、人事关系等。

新中国成立前夕，陈毅在一次报告中说："我们有充分的信心可以预见，解放全中国已经不需要太长的时间了？解放上海，更是指日可待？（台下爆发雷鸣般的掌声）过不了几天，阿拉这些土八路可以到上海白相相了？（用生硬的上海话）"台下充满笑声，这样的话在那个社会环境和具体场合显得十分得体，而且出语幽默，又鼓舞人心。

切情切境，是成功讲话的重要条件。陈毅元帅对当时报告的场景氛围的辩证运用，打破风格的表面统一，从而很好地适应了"行将进入上海"这一题旨情境，应情应景，耐人寻味。

还有一些虽然不属于大的社会环境，诸如地点、实物，但它们一旦附属于某种社会力量所能施加影响的范围，就成了社会环境。例如在国家级的外交谈判中，地点的选择是一个很敏感的问题，通常的处理方法是在谈判双方的领土上轮换举行，或者选择第三国作为谈判地点。为什么这个问题会成为一个重要而敏感的问题？人们都有这样的体会，在朋友家里说说，总有一种客人心态，说话也总是显得拘谨一些，可在自己家里接待朋友，就无拘无束了。这种主人心态，就自然形成了一种优势，人们把它叫做"居家优势"。

交际中有时地点的改变也可形成不同的环境，从而有利于解决不同的问题，发表有针对性的讲话。例如：有些领导者发现问题，往往请下属到自己办公室谈话。办公室是上级办公的地方，下属来到这里，很容易联想到上下级关系，于是便产生了一种"必须服从"的心态。这样，本来是对等的谈话，因为地点这一特殊社会环境的参与，就有利于一方，使对等的双方，变成主动与被动的两方。主动一方便有一种"居高临下"的势头（当然这只是一种心理差异，绝不是

"以势压人")。以此类推，如果顾客与营业员发生纠纷，经理应巧妙地把顾客诱导进自己势力所能影响的范围——经理办公室。这样既可以避免事态的扩大，也可以使这位顾客与围观者隔绝，避免接受人群中一些不良反应而进一步增强不满情绪。所以，经理室实际上成了一个有利于处理问题的小社会环境。反之，如果为了加强联络，增进信任和友谊，领导人员则应走出"领导效应区"，到职工宿舍、食堂、俱乐部等地方去，以便于放开话题，无拘无束。这类非语言因素，有时正像看不见的磁场，有着极其强大的特殊效应。

可见，利用合适的社会背景说话，可明显提高说话效果，这就要求我们有敏锐的思维和具有穿透力的眼光，去洞悉社会大背景，并善于利用眼前的实物、身处的地点营造有利于自己说话的环境。

把握说话的最佳时机◀◀◀

机会可以改变一个人的命运，也可以改变一句话的结果。

说话，看似平淡无奇，实际上却是一门相当高深的学问，要如何把话说的动听、如何把话说到别人的心窝里，的确是相当不容易的一件事。有些人天生性急，总是不假思索就脱口而出，往往等到察觉说错话的时候都为时已晚了；有些人则是沉默不语，该说话的时候不说，以为"沉默是金"，不懂得说话适当时机的人，也往往会错过许多大好机会。

古人说："话多不如话少，话少不如话好。"恰巧说明了"说话艺术"的重要性，而并不是"言多必失"，会说话的人，即使说的再多也都是字字珠玑；不会说话的人，不会察言观色，也不懂得在适当的时机说话，即使话在说，一开口就伤人，又有何用呢？

失足，你可以马上站起来；失言，你也许永远无法挽回。

要想把话说得恰到好处，卡耐基强调最重要的一点就是把握住说话的时机。孔子在《论语·季氏篇》里说："言未及之而言谓之躁，言及之而不言谓之隐，未见颜色而言谓之瞽。"

不该说话的时候却说了，叫做急躁；应该说话了却不说，叫做隐瞒；不看对方脸色变化便贸然开口，叫闭着眼睛瞎说。这三种毛病都是没有把握住说话时机。说话是直接的语言交往，从来就不是一个人的事。双方当场对面，还要受到周围环境的种种限制。该说话时不说，马上时过境迁，失去成功的机会。一句话说到点儿上，很快拍板，事情就办成了。说话时机的把握，有时就在瞬息之间，稍纵即逝，时不待我，失不再来。因此，说话时机的把握，比掌握、运用其他说话技巧更难更重要。

说话的时机是由说话的时境提供的，说话的时境包括自然环境、社会环境、心理环境、语言环境，涉及的范围相当广，可以说，一个人说话是以整个社会生活为背景的。要把握准说话的时机，就不能不对说话时境与说话行为之间的变化规律及特点有一个基本的认识。

说话的时境具有客观性的风格，对于说话的主体而言，时境构成的诸种要素

都是客观存在的。无论有没有说话行为发生，自然环境和社会环境都是以客观的形式独立，这一点早已为哲学家们所证明。心理环境和语言环境虽然可以在说话过程中随时生成，但一经生成，就是以客观的形式存在的，和社会环境、自然环境一样对说话行为产生制约作用。人的说话行为只能在具体的时境中发生、进行，谁也无法随着自己的主观意志去摆脱它，超越它，说话行为也只有与具体的时境结合并保持统一，才能准确表达自己要说的意思。

良好的说话时机，只需要摒除一切不利的因素。一位著名的财政顾问曾经说过：把握适当时机说话的问题相当重要，首先我们必须看清楚有希望的顾客，是否真的具有认购的意愿。如果你忽略了对方的问题，而大谈自己的问题，那么说明你根本没有把握住重点，你的目的也就不可能达到。

中国第一位现代舞拓荒者裕容龄，年轻时随外交官父母迁居巴黎。由于受旧礼俗困围，一直不敢进言学舞的愿望。一次，日本公使夫人来做客，顺便问其母："你家小姐怎不学跳舞呢？我们日本女孩都要学的。"裕母不便拒绝，顺水推舟道："往后让学吧！"裕容龄趁机进言了："好母亲，我今后就学日本舞跳给你看，好吗？"说罢便换上舞装跳起《鹤龟舞》，公使夫人夸赞不已，母亲也只好认可。这里，裕容龄的进言成功，全在于那抓住时机的"机锋"上。

一个具有高明演说技巧的人，能够很快地发现听众所感兴趣的话题，同时能够说得适时适地，恰到好处。换言之，他能把听众想要听的事情，在他们想要听的时间之内，以适当的方式说出来，这是一种无与伦比的才能，这种能够把握优越时机的人，即使是在遭到突变，受到阻碍时，也能转危为安，化险为夷。

如果你是一位从事制造方面工作的人，当你训练新员工时，也必须了解何时适合于进行这种职前教育。如果公司在竞争中处于下风，而你还反复不停地议论参加这次竞争的不明智，那真是愚蠢至极的行为。如果你是一名推销员，如何使对方认清自己所提出的有利地方和特点，同时，如果要使这笔生意在下次会晤时即能签订合同，你该在什么时机说什么话。如果你是从事广告业务的，那么你一定要知道什么时机适合做何种商品或服务性的广告。更甚者，如果有一个人家在办丧事，处于无限悲痛之中，你就不能以要求的口吻叫他去干这个，干那个。

不论是在何种场合，适当地把握时机都是迈向成功之途不可缺少的要素。然而大多数人又都不懂或者说是不能全力地把握时机，以致造成终生追悔莫及的遗憾。说起来，掌握时机似乎是一种天赋的特别直觉，但它和经验一样，必须磨练出来。

选准说话的时机◀◀◀

有时候一个恰当的时机比一千句引经据典的话语更能说服人。

聪明的小孩子往往懂得在大人高兴的时候提出自己的要求，而且，这时他们的要求多半会被满足。家长们在心情比较好的时候，为了不破坏气氛，往往会比平时更加宽容大度。

在上下级相处的过程中，也存在着同样的情况。自然，下属并不是小孩子，不存在着对领导的人身依附关系。但是，他们之间的权力从属关系却是毫无疑问的，下属要取得的每一份利益都需要有领导的首肯。在中国这种文化传统下，每个领导都有一种"家长"倾向，都有恩威并举的心理，那么我们就不妨因势利导，巧妙地加以利用，在领导春风得意之时，或提要求，或进谏语，必能收到意想不到的良好效果。

史载，有一次唐太宗意兴舒坦，心情十分高兴，便笑着问大臣魏征："你看近来政治怎么样？"魏征觉得这是一个进谏的好机会，马上回答说："贞观初年，您主动地引导人们进谏；过了三年，遇到有人进谏，还能愉快地接受；这一二年来，勉勉强强接受一些意见，可是心里总觉得不舒服。"

太宗听后有些吃惊，问道："你这样讲有什么根据吗？"魏征于是便举出三件事来加以佐证，这三件事反映的是唐太宗在魏征所说的三个时期内对人的三种不同的态度。唐太宗于是明白了，说道："若不是您，不能说这样的话。一个人苦于自己不知道自己啊！"于是，更加虚心地听取臣下的意见了。由此可见，给领导提建议，有很重要的一个学问，那就是一定要注意时机和场合，以便使领导更能用心领会你的意见，并不会导致对你的反感。例如：在娱乐活动中，一般领导的心情比较好，这时候提出建议会使领导更容易接受。特别是如果你能把所提的建议同当时的情景联系起来，通过暗示、类比等心理活动的作用，则会对领导有更大的启发。还有些比较成功的下属善于接住领导的话茬儿，上承下转，借题发挥，巧妙地加以应用，从而很好地触动了领导，使许多悬而未决的问题得到了解决。

过去有一个单位刚购置了一批计算机及相关设备，并准备修建一个机房。但

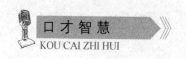

在机房安置空调机一事上，领导却不肯批准，认为单位的同事们都在没有空调的情况下办公，不宜单独对机房破例。虽然有关人员据理力争，说明安装空调是出于机器保养而非个人享受的需要，但仍不能打破领导的老脑筋，说服领导。

后来，单位的领导与同事们一起出去旅游、参观。在一个文物展览会上，领导发现一些文物有了毁坏和破损，就询问解说员。解说员解释说，这是由于文物保护部门缺乏足够的经费，不能够使文物保存在一种恒温状况下所致，如果有一定的制冷设备，如空调，这些文物可能会保存的更加完善。领导听后，不禁有些感慨。此时，站在一旁的机房负责人乘机对领导低语："其实，机房里装空调也是这个道理呀！"

领导看他一眼，沉思片刻，然后说："回去再打个报告上来"。很快，这位领导就批准了机房的要求，为他们装上了空调设备。

说话获得好感的几种技巧

保持礼貌是获得他人好感的重要手段。

说话要想获得别人的好感，我们建议可以从下面八个方面入手：

1. 多提善意的建议

当一个人关心你时，只要这份关心不会伤害到自己，并且对方还提了一些善意的建议，你当然会欣然接受，对这个人产生好感。那么，反过来你对别人若也如此，别人也会同样对你产生好感。

满足他人自尊心最佳的方法就是善意的建议。对方是女性时，仅说"你的发型很美"，只不过是句单纯的赞美词；若是说"稍微剪短，看起来会更可爱"，对方定能感受到你对她的关心。若是能不断地表示出此种关心，对方对你必然更加亲切信任。

2. 偶尔暴露自己一两个小缺点

有时坦率地暴露缺点，反而会迅速获得对方的信任，给对方留下一个正直、诚实深刻的印象。

只是暴露自己的缺点并不是毫不保留地将所有的缺点都暴露出来，只要一两个就可以了，这可使他人把这一两个缺点和其他部分联想在一起，因而产生其他部分毫无缺点的感觉。但这绝不是狡诈，只是交际的策略和需要，因为没有人会拿自己的缺点和别人交往。

3. 记住对方所说的话

一位心理学家应邀去演讲，不料主办方却问他："请问先生的专长是什么?"他颇为不高兴地回答："你请我来演讲，还问我的专长是什么?"

招待他人或是主动邀约他人见面，事先多少都应该先收集对方的资料，这是一种礼貌。换句话说，表现自己相当关心对方，必然能赢得对方的好感。

记住对方说过的话，事后再提出来做话题，是表示关心的做法之一，也是说话的策略之一。尤其是兴趣、嗜好、梦想等事，对对方来说，是最重要、最有趣的事情，一旦提出来作为话题，对方一定会觉得很愉快。在面试时，不妨引用主考官说过的话，定能使主考官对你另眼相看留下深刻的印象。

4. 注意对方微小的变化

生活中，一般做丈夫的都不擅长对妻子表现自己的关心。比方说，妻子上美容院改变发型时，明明觉得她"看起来年轻多了"，却不作任何表示，因而使妻子心里不满，觉得丈夫不关心自己。

不论是谁，都渴求拥有他人的关心。而对于关心自己的人，一般都具有好感。因而，若想获得对方的好感，首先必须积极地表示出自己的关心。只要一发现对方的服装或使用的物品有些微小的改变，不要吝惜你的言词，立即告诉对方。例如：同事打了条新领带时，"新领带在哪儿买的?"像这样表示自己的关心，绝没有人会因此觉得不高兴。

另外，指出对方与往日的变化时，愈是细微和不轻易发现的变化，愈使对方高兴。不仅使对方感受到你的细心，也感受到你的关怀，转瞬间，你们之间的关系就会远比以前更亲密可信。

5. 呼叫对方的名字

欧美人在说话时，常说："来杯咖啡好吗? 莱克先生""关于这一点，你的想法如何? 莱克先生"，频频将对方的名字挂在嘴边。这种作风往往使对方涌起股亲密感，宛如彼此早已相交多年。其中一个原因是他感受到对方已经认可自己了。

在我们的社会里，晚辈直接呼叫长辈的名字，是种不礼貌的行为。但是，平辈之间借着频频呼叫对方的名字，来增进彼此的亲密感，应是个非常有益于彼此交往的方法。

6. 注意细节投其所好

有位朋友有个奇怪的习惯，总是把他人名片的背面写得密密麻麻。与其说他是为了整理人际资料或是不忘记对方，倒不如说是为了下一次见面做好准备。也就是说，将对方感兴趣的事物记录下来，再度见面时，自己就可提供对方关心的情报作为礼物。即使只是见过一次面的人，若能记住对方的兴趣，在第二次、第三次见面时，不断地提供这方面的知识或是趣事，借此显示自己对于对方的兴趣很关心，结果，必然使对方产生很大的好感。

或许有些人会认为此种做法太过于功利主义，事实绝非如此。这种做法的确出于对对方的关心，更何况对对方也是真正有益的。借着经常保持此种姿态，结果必然能将一般通用的话题化为己身之物。换句话说，以长远的目标来衡量，此种做法能成为表现自我的有力武器，以此迅速获得对方对自己的好感和信任。

7. 温暖的微笑

我们在与人交往中，不管是同意人家的意见还是不同意，都不要摆出一副冷冰冰的面孔，谁也不愿意和冰冷态度的人谈话。即使是出于某种无奈而非谈不可，在心底也已经产生了反感。试想，这样的谈话能有好结果吗？因此，我们在交往中要学会笑，学会用笑给人以温暖。不论对方是谁，有怎样的见解，如何让人讨厌，那你可以不和他交谈或躲开，摆一副冷面孔总是无益的。

8. 谦虚是一种美德

谦虚之所以受到尊崇，就因为它是做人的美德及事业成功的法宝，但是，在现实生活中，谦虚也并非想做就能做到，有的人得到领导的表扬、同事的夸奖，内心着实想谦虚一番，却寻找不到适当的表达方法。要么手足无措，面红耳赤，支支吾吾，要么说一些"归功于集体、归功于人民"的套话听起来让人觉得虚假。

那么，在社交场合，不同的时间，不同的环境，不同的氛围，如何用不同的方式表达自己的谦虚，才能给人留下一个良好的印象呢？

转移对象。如果表扬或赞美使你感到在众人面前窘迫的话，你不妨想办法转移人们的注意力，使自己巧妙地"脱身"，把表扬或赞美的对象"嫁接"到别人的身上，但要有所依据，不然也会显得空和假。

妙设喻体。直言谦虚，固然可取，但弄不好会给人一种虚假的感觉。特别是两个人之间，如果仅仅说"你比我强多了"这类话，容易有嘲讽之嫌。遇到这种情形，你不妨用一个比喻方式，巧妙地表达自己的谦虚。

自轻成绩。任何称赞和夸奖，都不可能毫无缘由，或者因为某件事，或者因为某方面的成绩。这时你不妨像绘画一样，轻描淡写地勾勒一笔，却在淡泊之中见神奇。

相对肯定。面对别人的称赞，如果把自己说得一无是处，不但起不到谦虚的作用，反倒给人一种傲慢的感觉。正如俗话所说："过分的谦虚等于骄傲。"现实生活中，类似这样的情况屡见不鲜。所以，谦虚要掌握一定的分寸。

征求批评。面对人们的赞美，诚恳地征求大家的批评，这是表现你谦虚精神的一种最有效的方法。但要注意适当适度，不然虚心也就变成了虚假。

我们在社交生活中，可以根据不同的场合、不同的环境、不同的交际对象，去不断创造自我，虚心学习。

只要虚心而诚挚，努力追求谦虚的品格，在谈话时保持平和坦诚的态度，尊重对方，就一定会成为一个受人敬重的人，说话的分量也会相应增大。

学会表达你的谢意◀◀◀

对帮助自己的人表达感谢是基本礼仪，是获得好人缘必不可少的基本修养。

在任何一部汉语词典里，很少有词语一讲出就能立刻赢得一个人的好感，起到化敌为友、抚平自私心理、提高自尊心的作用。然而，"谢谢"这个词却有这个魔力。但"谢谢"却常常被人轻视，或因太简单而忽略，以致我们中的许多人因此而与好人缘失之交臂。我们常常听到这种抱怨，"我并不介意做所有这些事，只要他每次能说声'谢谢'"，甚至说，"我为她做了那么多，她连声'谢谢'都不会说"。

说声"谢谢"本是世界上最容易、也是最为可靠的办法，如果你想成功地开展工作和取得别人合作的话，更不用说赢得友谊和影响人们了。

那么，在交际中，怎样说谢谢呢？表达谢意可以用很多方式说出来。然而，无论被怎样打扮，譬如用鲜花、午餐回报，或者其他方式，这个词，或它的一种变化，一定要说出来或写下来。以下是一些传播这个不起眼但绝对重要的信息的方法。

1. 说出谢谢。告诉他（她），他（她）为你做的对你来说是很重要的，和在哪一方面帮助了你："我真的非常感谢你对我在学习上的帮助。"

2. 给予赞扬。让他（她）知道你认为他（她）为你做的事是很特别并值得珍藏的："谢谢你的咖啡，我想我会记你一辈子。"

3. 予以回报。告诉他（她）你感谢他（她）为你做的，并准备回报这个好心人："我很感激你能在开顾问会议时回我的电话，以后只要有用得上我的地方，请随时找我。"

4. 写个条子表示谢意。说声谢谢是很有作用的，但写下来会更胜一筹。不妨亲笔写一个条子表达你的谢意。

5. 电话致谢。"我打这个电话只是为了感谢你……"

6. 送份礼物。送份礼物并附上一张便条。只要你送的礼物能够非常适当地表达出你的感谢，送什么并不重要。一个老板请他的秘书去看了场一流水准的高尔夫球赛。为了投桃报李，她买了份独特的礼物———一个高尔夫球棒的缩微模型，然后写了个感谢的便条放在礼品盒里一并送给了他，老板收到后深感欣慰。

7. 传达谢意。告诉别人你有多感谢他为你所做的一切，最后这话一定会传到给予你帮助者的耳朵里去："王敏这人真好，她帮我安排了那次会议。要是没有她的帮忙，我真不知该怎么办好。"当你的谢意通过别人的嘴传到她的耳朵里时，定会增色不少。

8. 提供帮助。与他们在一起，主动提出为他们的工作助一臂之力。比如帮助校对个长篇报道："我来帮你干这事儿。甭客气，你帮我的次数可太多了。"

9. 请客吃饭。邀请你要感谢的人去吃午餐或晚餐，一定要表明你这是为了感谢她的帮忙。如果你邀请的是已婚者，应当把她（他）的配偶一并邀请去。

10. 报答捐款。如果一个环境学家曾用心地报道过你的一篇论文，不妨为他心爱的环保事业捐一笔款，这也许是对他最好的感谢，但也别忘了说"谢谢"。你可以打个电话或写个便条去感谢他，并告诉他你所做的。他一定会为你所做和自己曾经所做的事感到高兴。

求人办事时开口要客气◀◀◀

托人办事既然有求于人，因此开口说话就需要客气一些，这样别人心情就会愉悦，谈兴更浓。

求人办事时，怎么说话才算客气呢？以商量的口气把要办的事说出来，如："能不能快点把这事给办一下？……这事给办一下是不是可以？"

装作自己没把握，把请求、建议等表达出来，给对方和自己留下充分的退路。例如：你可能不愿意去，不过我还是想麻烦你去一趟。

在别人或者向别人提出建议时，如果在话语中表示人家可能不具备有关条件或意愿，那就不要强人所难，自己也显得很有分寸。先提出部分要求，以便对方顺利接受，然后再步步深入。例如：你帮我解决这一步就可以了，其余的我自己想办法。

我们确实经常发现，人们在提出某些请求时往往会把大事说小，这并不是变着法儿使唤人，而是适当减轻给别人带来的心理压力，同时也使自己便于启齿。

谦逊便是礼貌，通过抬高对方、贬低自己的方法把有关请求等表达出来，显得彬彬有礼、十分恭敬。例如：您老就不要推辞了，弟子们都在恭候呢！

请求别人帮助，最为传统有效的做法是尽量表示真诚，使人家感到倍受尊重，乐于从命。

有些事要先把问题的难度说出来，让人觉得你是不得已而为之，明知自己知道不该说但还得说。例如：真不该在这时候打搅您，但是实在没有办法，只好麻烦您一下。我知道你手头也不宽裕，不过实在没办法，只好向你借一借。如果把托人办事的原因说出来，向对方交个底，就会引起对方好感，令人欣然接受。例如：隔行如隔山，我一点儿也不知道人家那边的规矩。你是内行，就替我办了吧！

如果表示请求对方谅解，然后再把自己的愿望或请求等表达出来，以免过于唐突，则说出来更让人觉得容易接受。例如：恕我冒昧，这次又来麻烦你了。请求别人原谅，这是礼貌语言交际最有效的方法。人们常常使用这种方式来进行交流，显得比较友好，和谐。

掌握轻松交谈的原则◀◀◀

要想人际交往中轻松顺利，就必须懂得一些与人交谈必备的礼仪。

交谈是每个人一生都要做的事。有的人认为，不就是说说话嘛，似乎交谈简单得不得了。其实并非如此。交谈也是有技巧的。

（1）注意对方的眼神

再也没有比当你对他讲话而他却环顾四周更令人难堪的了。有些人边讲话边环顾四周，而有人听话时东张西望。这两种人都不是一个好的、注意力集中的听众。在任何人对你讲话时，都要注视他或她，不是紧紧地盯着，而是一直看着，这样你从对方的眼睛里读懂很多东西，而且你的专注也会给对方以力量。在别人对你讲话时，你千万不要环顾整个房间。否则你的心不在焉只能使对方失去谈话的兴趣，以致中断谈话。

（2）不做交谈中的大独裁者

在我们周围到处都有交谈中的大独裁者，希望你不是其中的一个。注意听自己在讲些什么，是一个好主意。例如，注意自己是否是一个盛气凌人的人，是否是一个独裁的人，是否是一个固执己见的人，是否是一个不给别人机会阐述不同意见的人，或注意是否有人在听你讲话时要离开，或看上去在绝望地环顾四周要找一个最近的路逃开。

讨厌的人的定义之一是"当别人想对他讲自己的事时，他只讲他自己"；另一种讨厌的人更准确的描述为：一个坚持讲别人根本不想听的事的人。这些坚持要别人听到最后，尽管别人已经明显地表现出不耐烦。

这是一些人性格中的一部分，并已根深蒂固，所以要改掉是不可能的。如果你发现自己在谈话中有独裁特点，那么在下次谈话时只要把嘴闭上认真听就可以了，不管你有什么不得不说的。如果害怕自己会令人生厌，尽量看报纸或杂志，找一个有兴趣的话题研究研究，例如环保等，一定是每个人都关心的。丰富的知识不仅会使自己加入谈话，而且会传递有趣的信息。

如果有人重复你听了至少两遍的故事，这样说是没有问题的："哦，是的，我记得当那个人倒下的时候，您是如何让每个人都靠后的。您一定救了他的命。"

然后转换话题。如果您是对话中的一员，有人在重复一个故事，您可以悄悄离开。如果有人注意到了，您可以说："哦，我知道这件事。对不起，我一会儿就回来。"

（3）小心回答私人问题

如果有人询问你新买的衣服的价钱，除非很亲密的人，其实你没有义务为他提供有关信息。您只要回答"我不知道（或我不记得）花了多少钱"即可。

关于钱的询问通常是不合适的，应该置之不理。可以说'如果您不介意的话，我不说这件事。关于生活的费用，太让人提不起情绪……"然后改变话题。

另一个类似于窥探的问题是"你是干什么的"。最好在对方指明了知识领域后询问对方的工作，或在谈论与工作相关的特殊话题，然后可以问："您在这个领域中从事工作吗？"

（4）该闭嘴时就闭嘴

永远不要遗憾没有把话说出来。闭上嘴让别人认为自己是个傻子比张开嘴什么都说要好。不要装作什么都懂，真正聪明的人从不犹犹豫豫地说"我不知道"。

说话随便的人容易说得太多，有时造成不谨慎。有丰富想象力的人总是在言谈中不可靠。总是保持沉默的人常在亲密的人中穿得很好，但他或她不会给聚会增添吸引力。在谈话中，中间的路总是最好的，正如很多事情一样。要知道什么时候该听别人讲话，也要知道什么时候该轮到自己讲话了。

不要重复讲自己，很多事情简单地讲述或第一次讲都很有趣，但没有任何事值得重讲。

（5）三思而后说

几乎所有在谈话中出现的失误或错误，都是由于没有认真考虑或缺乏考虑造成的。多数情况下没有人提醒我们说话时欠考虑和没有考虑。只要注意听一下自己讲的话和对方的反应就可以发现自己的不足。说话之前三思是我们自己的事。

（6）适时回避交谈

面对吹捧者，优秀的交谈者不会没完没了地吹捧别人的工作做得多么好或他的儿子多么出色。当谈话陷入吹捧时，可礼貌地加入自己的评论以转换话题。如果他给您讲关于他自己耸人听闻的故事，最好的办法是尽快找理由离开，除非您很感兴趣。

很多人喜欢问："您多大年龄？"这是许多人不喜欢的，而且这是一个缺乏考虑的问题。但是，经常有人问这个问题，当然也有许多办法来回避它。您可以说："噢！足够大了。"你还可以告诉他一个大概的年龄，例如，超过 21 岁，或用一个自己喜欢的数字表示。"如果有人坚持问，就告诉他："很明显了，我并不想告诉您，您有必要知道吗？"

面对侮辱。如果在你面前有人诋毁一个团体、个人或一个国家，你该怎么说呢？诚恳地告诉他，他的言论是令人讨厌的，不再想听到这样的话了，然后走开。或者说："我们不谈这个话题了。"然后开始另一个话题。每次加入一个道德、种族或其他诋毁个人的谈话时，不管是真正诋毁还是开玩笑，都在锻炼你的容忍能力。只要你注意了以上技巧，你就会和别人轻松交谈，你就是一个成功的人。

注意电话交谈的礼仪◀◀◀

不要因为电话看不见人就忘记了基本礼貌。

可能你会说，打电话的时候对方又看不见，何必讲究那么多礼仪？其实，你若真这样想就大错特错了，这里面的学问大得很呢！首先，打完电话后由谁先挂电话，这是你在使用电话交谈时应该注意的礼仪。

按照常规，电话交谈结束后一般都是由打电话的那一方先挂，因为他有事情先找对方，那么事情说完自然是由他挂电话，这样才算是有始有终。

不过，假如对方是一位长者，可就不能照搬常规了。不管是你打过去还是他打过来，都应该在他挂了电话后，你再轻轻放下手中的话筒，以表示你对长辈的尊重。其次，温和谦虚、合宜得当的尊敬语，是电话交谈技巧不可或缺的条件，它就像一把钥匙，能够帮助你开启对方的心扉。试想，假如你在打电话时，对方用一个恶声恶气的声音说："找谁？……不在！"然后"叭"地一声将电话一甩，你心里会不会堵得慌？

若是对方用一句温和客气的尊敬语，说："请问先生（或女士）您找谁？""对不起，他不在。"然后轻轻将电话机放下。那么，你心里肯定有一种很舒服的感觉。

中华民族是礼仪之邦，以礼待人是我们民族的传统美德。因此，把"请""谢谢""不好意思""对不起"等尊敬语用在电话沟通的交谈之中，是我们每一个使用电话的人应该具备的最起码的标准。

或许有些人会认为，打电话不必拘泥于非要使用尊敬语，有时候，用称兄道弟的说话方式进行电话交谈，说不定会因此拉近了彼此间的距离而更觉得有一种亲切感。

当然对彼此相当了解的好朋友，这种交谈方式或许有其优势，但若与一般认识或与陌生人交流，如果你也称兄道弟，岂不显得过于随便？

最后，打电话要讲礼貌并不仅仅是指电话交谈的语言，使用电话沟通的方式也很重要。

有的人打电话就像抽烟成瘾一样，不管什么时候，什么地方，看见了电话就想打，一天要打好几十个电话。有时，甚至在开会或是正与人谈事时，也会突然起身，坐到电话机旁，然后，抖着脚，手里玩着电话线，嘴里叼着香烟，与电话那边的另一个朋友天南海北的胡侃，而所谈又尽是一些鸡零狗碎之事，使旁边的人感到十分讨厌。

假如你很忙，根本没有功夫在电话里和对方悠悠然然地聊一些鸡毛蒜皮之事，他这样没完没了地"煲电话粥"，你烦不烦？在电话中谈话要尽可能地简短，因为电话同时只能容下两个人谈话，在你跟这个朋友谈得太久的时候，可能另一个朋友打电话找你却老打不通，甚至误了重要的事情。所以，我们只有在必要的时候才打电话，而且只讲重要的事情。

那种拿起电话就没完没了地说几十分钟的做法，是不懂得电话沟通礼仪的行为。

总之，使用电话沟通的礼仪：

（1）注意挂电话的这个细节问题；

（2）注意使用温和谦虚、合宜得当的尊敬语；

（3）要注意多为对方着想，不要占用别人太多的时间。

当然，打电话的礼仪远远不止这些。

第 5 章

真心诚意：打开他人心门的口才智慧

精诚所至，金石为开。说话的态度一定要认真
诚恳。只有当听者感受到你的诚意时，他才会
信任你打开心门，接收你要表达的内容，彼此
之间才能实现沟通和共鸣，达到预期的效果。
如果说话少了诚意，那就失去了吸引力，如同
一束没有生命力的绢花，很美丽但不鲜活动
人，缺少魅力。因此，生活中的我们要学会把
我们的真诚注入与人交谈的过程之中，把自己
的心意传递给对方。

口才智慧

真诚语言更让人认同◀◀◀

真诚的态度是使言语能打动人心的一个重要因素。

有一个戏剧《诸葛亮吊孝》，诸葛亮用真诚的语言感动了东吴上下，化解了恩怨，巩固了孙刘两家联合抗曹的统一阵线。

三国时期，孙权和刘备为了联合抗击曹操，是又联合又斗争的一对盟友。孙权的经理人周瑜和刘备的经理人诸葛亮也是又联合又斗争。在联合抗曹取得一定的胜利后，为了荆州的问题两家对闹起了别扭。诸葛亮定计"三气周瑜"，结果使周瑜一命而亡。东吴上下对诸葛亮是恨之入骨。决心要杀死诸葛亮为周瑜报仇。孙刘两家的盟友关系也遭受严峻地考验。为了不使两家分裂并结成仇恨，诸葛亮要亲自到柴桑口为周瑜吊孝。刘备一方的君臣坚持劝阻，认为诸葛亮一去必然要被东吴杀害，结果将是有去无回。

诸葛亮分析，周瑜死了之后，鲁肃就会执掌东吴的大权。鲁肃是个深明大义的人，不会做出鲁莽的事情；东吴要在江东站稳脚跟，也必须和刘备联合。孙权、鲁肃都不会拿他们的江山开玩笑。同时也需要通过这次吊孝化解双方的怨恨。加上由赵子龙这位智勇双全的将军随身保护，即使出现点意外，也将是有惊无伤的。诸葛亮说服众人，过江去了东吴。到达柴桑之后，鲁肃果然非常礼貌地接待了他。诸葛亮到了灵堂，读完祭文就伏地痛哭。情真意切，流泪不止。

一口一个"周都督"，一嘴一个"周贤弟"，一边诉说两人联合抗曹的谋略，一边长叹周瑜一死没有了共同谋划之人，似乎这个世界上只有周瑜是他诸葛亮惟一的知音。令所有在场的人都非常感动。就连周瑜的夫人小乔也动摇了。人们对周瑜是不是诸葛亮气死的都产生了疑问。甚至认为周瑜之死是他自己心眼太窄造成的。诸葛亮为什么能取得这样的效果？那就是他真诚的态度。所以，我们在商场上，说话的态度一定要认真诚恳。只有认真诚恳，才能使人可信，只有使人相信，才能达到预期的效果。

因此说，真诚是古人推崇的一种人格境界，它要求人们真实无妄，诚实无欺。真诚是一种个人修养，也是一种道德行为。只有内心诚实，才能善待父母、善待朋友，进而维护更高层次的社会关系。社会生活实际上是建立在真诚的基础上的，真诚既是一个人的立身之本，也是一个集体、民族、国家的生存之基。诚实的人，才能心智清明，择善而从。"失信不立"是亘古不变的人生哲理。

中国有一句俗语"精诚所至，金石为开"，可以为这句话作注。这句话劝告人们，要以真诚待人，表里如一，不可虚伪。如果表面一套，心里一套，阳奉阴违，终究会露出马脚。就像《庄子》在这句话的下文所说，无论是"哭"是"怒"，还是"亲"，都不能勉强做出样子给别人看，真情实感要发自内心，这样才能打动人。

而在语言技巧方面，就更是讲究说话真诚了，真诚的语言，更能打动人。并且言语得体完全都是出于真诚，如果话说得恰到好处，不含虚假成分，难道能说不真实吗？然而真诚还有它另外一面，那就是避免过于客套，过分地粉饰雕琢，失去心理的纯真自然。绕弯过多，礼仪过分，反而给人"见外"的感觉，显得不够坦诚。

在与人交际的时候，谦逊礼让是完全必要的，然而不分对象、不分场合，一味地"请""对不起"，未免有虚伪的嫌疑。比如说故人相聚，还过分客套，搞得别人难为情，这就不能说是真诚了。这里缺少点什么呢？缺少直率和坦诚！许多情况下，我们需要直抒胸臆的言语艺术，是怎么样，就怎么说，还事物以真面目。直言不讳，是待人接物很重要的语言技巧……

当然，在现实生活中，说起真诚，也许当你看到这两个字后，就会马上发出感慨——"我对别人真诚了，也没有看到别人对我多真诚。"不要太在乎别人对你的反映。越是在乎的多，做人办事就会觉得束手束脚。只要记住一条：自己问心无愧就好了。而且"路遥知马力，日久见人心"，时间久了，大家自然就会在心里形成一个印象：这个人很真诚，让他办事放心。

日本有一位十分有名气的政治家叫田中义一，他极其善于利用人们的亲近心理，营造温馨的交际环境，来取得预期的交际效果。有一次，他到北海道进行政治游览，有位穿着考究看来很像当地知名人士的男子走出欢迎行列向他表示问候。田中义一急忙走上前去，紧紧握住那人的双手，十分热情地说道："啊，您辛苦了。令尊还好吗？"那个男子感动得一时说不出话来。田中义一的政治游览，也因此大获成功。事后，田中义一的随从对主人的亲密举动十分不解，忍不住问道："那人是谁？"田中义一的回答出人意料："我怎么知道，但谁都有父亲吧！"

田中义一的交际成功，无疑在他选择了一个比较好的交际切入点，真诚地与这位男子迅速建立了亲情意识，使男子觉得他是一个值得信赖、真诚而又蔼可亲的人，从而在心理上对田中义一产生了认同感。

越真诚越容易打动人心 ◀◀◀

说话真诚就能如实地达意，使听者感到舒适，产生美感，这样的说话就成了艺术，所以，请用真、善、美对待生活，用诚信对待朋友。

在一家电器商店，一台音色清纯透亮，低音浑厚震撼力强的钢琴吸引了很多顾客的注意。而在这里的一位女售货员热情地迎上来，满脸职业微笑，主动介绍这种新产品。她的介绍很在行，很流畅，从性能优势到结构特点，从价格比，到售后服务，一一道来，边进行演示。然而她连珠炮似的讲着，使顾客总也插不上嘴，但是她不管你懂还是不懂，也不管你反应如何，喋喋不休地一直讲她自己的，似乎你不掏出钱包他就决不罢休。于是，大部分人心里有几分不悦了，特别是当她褒扬自己的品牌而贬低其他品牌时，都不免对她的动机产生了疑问：如此夸夸其谈后，产品性能是否果真高超……

其实，这也并不能不说这是一位训练有素且内行的推销员，但却又是一个不懂得说话奥妙的推销员。为什么她那滔滔不绝的介绍反而扑灭了顾客的购买欲望呢？这是值得深思的。

因为，一个人说话的魅力并不在于你说得多么流畅，滔滔不绝，而在于是否善于表达真诚！最能推销产品的人并不一定是口若悬河的人，而是善于表达真诚的人。当你用得体的话语表达出真诚时，你就赢得了对方的信任，建立起人与人之间的信赖关系，对方也就可能由信赖你这个人而喜欢你说的话，进而喜欢你的产品了。

当然，并不仅仅是推销员说话如此，就是日常说话也同样需要我们真诚。在我们的生活中，有很多人认为，滔滔不绝，一泻千里的说话就是流畅优美，但是，从某种意义上来讲，如果少诚意，那就失去了吸引力，如同一束没有生命力的绢花，很美丽但不鲜活动人，缺少魅力。因此，生活中的我们首先应想到的是如何把我们的真诚注入与人交谈的过程之中，如何把自己的心意传递给对方。只有当听者感受到你的诚意时，他才会打开心门，接收你要表达的内容，彼此之间才能实现沟通和共鸣。

真诚，是通往人们心灵的桥梁。要想使说话和表达产生共鸣，需要来自你内心深处的声音，先要感动自己然后感动别人，不为说话而说话，应以倾诉内在心灵，以心灵的沟通为主要，即可动人以情，并产生强烈的共鸣。不要去追求华丽的辞藻和假装的深沉，朴实无华的语言会显得格外的亲切，也就具备强大的感染力。别只顾擦亮自己的皮鞋，更应擦亮自己的语言，否则，人生将蒙上擦不去的尘埃，在不断锻炼的过程中，愈是质朴无华的语言，愈会散发迷人的光辉，随着多次的磨练，口才技巧终将炉火纯青。

真诚的沟通增进人与人之间的友谊，让生命如流星闪过天际般美妙，让生活像电影一样精彩。消除了朋友之间的误会，让友谊得以天长，可以地久。

有一位老师写了一本有关"思想政治工作方法"的书，出版社没有给他稿费，而是让他自行推销一千册作为报酬。对那位老师来说，这远比讲课要难得多。

为了把书推销出去，他在党校学员队里搞了一次演讲，他说："……当老师的在这里推销自己写的书，总不免有些尴尬。不过，如今作者也很难，写了书，还得卖书。出版社一下压给了我一千册，稿费一文没有，所以我不推销不行。这本书写得怎样，我自己不好评说。不过有两点可以保证：第一，这本书是我用三年时间完成的，是我心血的结晶；第二，书的内容决不是东拼西凑抄下来的，是我自己长期思考的见解。前不久，这本书被思想政治工作研究会评为社科类图书的二等奖，这是获奖证书。说实话，对于我们这些教书匠来说，搞推销比写书还觉得难，只是硬着头皮来找大家帮忙。不过，买不买完全自愿，决不强迫。如果觉得这本书对你有用，你又有财力就买一本，算是帮我一个忙。谢谢。"

这位老师的演讲一下子产生了良好效果，一次就卖掉了300多册。这位老师不是专职的推销员，但是却获得了成功。从某种意义上说，他的成功在于他恰到好处地表达了自己的真诚，从而赢得了听众的信赖。这表明，在讲话中学会表达真诚要比单纯追求流畅和精彩更重要。

话语中肯，言之有物◀◀◀

古语讲"至诚足以感人"，如果一个人所说的话语中肯，怎么会不受听众的欢迎呢？

说话中肯，言之有物，两者相辅相成，才能达到说话的预期效果。

《周易·家人》："君子以言有物，而行有恒。"人们在日常生活中都会遇到这样的情况，不管是听别人做讲座，领导做报告，还是和周围的人聊天，都会碰到言之无物、空洞乏味的时候，上面讲得很热闹，下面听众却觉得困顿乏味，嫌内容假大空，虚无缥缈，不知所云。听众最怕听到的演讲言之无物，不知所云。

为什么会出现言之无物的情况呢？究其根本，问题在于谈话者、演讲者没有很好地理解自己的演讲内容。自己都不明白为什么要说话，怎么能期待给听众一个内容充实、言之有物的演讲呢？要解决这个问题其实并不困难，简单地说就是要很充分地精心准备自己的演讲内容，在演讲、讲话之前比较透彻地理解问题。

有一天，林肯律师事务所来了一位行走蹒跚的年老寡妇，她是一位阵亡士兵的妻室。她向林肯泣诉，说她应该领取的四百元的抚恤金，被一位发放抚恤金的官吏，强索去二百元的手续费。林肯听了勃然大怒，立刻为她向法庭对那位官吏提起诉讼。

开庭的时候，林肯用愤怒的目光看着被告，他所说的话，差不多每个字都是十分的中肯且言之有物，那种严正的态度、热烈的情感，几乎使他跳起来剥掉那位被告的皮："时间一直向前迈进，在1776年的英雄，已经成为过去了，他们是被安置在另一个世界中了。但是，那位英雄，已经长眠地下，他的年老衰颓而且又跛的遗孀，此刻来到我们的前面，请求替她申冤。在过去，她也是体态轻盈、声音曼妙的美丽的少女，现在她贫无所依了，没有办法，只好来向享受革命先烈所争取到的自由的我们，请求给予同情的帮助和人道的保护。我现在所要问的是，我们是不是应该援助她。"

当林肯这段中肯的话说完了，居然有人感慨得流下眼泪，大家一致认为那老妇人的抚恤金是分文不能少给的。法庭最后分文不少地追回了士兵遗孀的抚恤金，严肃审判了那个官吏。

敢于承认自己的错误◀◀◀

具有高超沟通艺术的人都懂得道歉的重要性，而且往往都是勇于道歉的人。

在香港卡耐基课程任教的麦克·庄告诉我们，中国文化所带来的一些特别的问题，以及某些时候应用某一项原则，可能比遵守一项古老的传统更为有益。他班上有一位中年同学，多年来他的儿子都不理他。这位做父亲的以前是个鸦片鬼，但是现在已经戒掉了烟瘾。根据中国传统，年长的人不能够先承认错误。他认为他们父子要和好，必须由他的儿子采取主动。在这个课程刚开始的时候，他和班上同学谈到他从来没有见过的孙子孙女，以及他是如何的渴望和他的儿子团聚。他的同学都是中国人，了解他的欲望和古老传统之间的冲突。这位父亲觉得年轻人应该尊敬长者，并且认为他不让步是对的，而要等他的儿子来找他。

等到这个课程快结束的时候，这位做父亲的却改变了看法。他说："我仔细考虑了这个问题。""戴尔·卡耐基说，'如果你错了，你就应该马上并且明白地承认你的错误。'我现在已经做不到马上承认错误，但是我还可以明白地承认我的错误。我错怪了我的儿子。他不来看我，以及把我赶出他生活之外，是完全正确的。我去请求年幼的人原谅我，固然使我很没面子，但是犯错的是我，我有责任承认错误。"全班都为他鼓掌，并且完全支持他。在下一堂课中，他讲述他怎样到他儿子家里，请求并且得到了原谅，并且开始和他的儿子、媳妇，以及终于见到面的孙子孙女建立起新的关系。

当我们对的时候，我们就要试着温和地、技巧地使对方同意我们的看法；而当我们错了——若是我们对自己诚实，这种情形十分普遍——就要迅速而热诚地承认。这种技巧不但能产生惊人的效果，而且在任何情形下，都要比为自己争辩还有趣得多。

别忘了这句古话："用争斗的方法，你绝不会得到满意的结果。但用让步的方法，收获会比预期的高出许多。"

所以如果你希望别人同意你，请记住规则的第三条是：

"如果你错了，就很快地、很热情地承认。"

这种勇气并非人人具备，只有坚定自持、深具安全感的人能够如此。缺乏自信的人惟恐道歉会显得软弱，让自己受伤害，使别人得寸进尺，还不如把过错归咎于人，反而更容易些。

能够和他人坦诚相待◀◀◀

坦诚待人是收获他人真诚相待的最佳方式。

对于合作者或下属，我们不能采取欺骗手段或让他吃亏，有必要将周围的情况和自己的想法，全让对方知道。为此，我们应具有暴露自己一切的胸怀和无限的爱。

首先我们必须坦诚待人。应把自己的一切毫不保留地亮给对方看。然后，再请求对方，是否能得到帮助。

如果我们在求助于人的时候，哪怕隐瞒了一件事，那么，对方在协助时恐怕就得盘算盘算。如果你把心掏出来给人家看了，人家也会真心地进行协助。

然而，坦诚相待往往是需要勇气的，并非人人随时都做到。

几乎所有人际关系的问题，都源于彼此对角色和目标的认识不清，甚至相冲突所致。所以，不论在办公室交代工作，或在家中分配子女家务，都是愈明确愈好，以免产生误会、失望与猜忌。

对切身相关的人，我们总会有所期待，却误以为不必明白相告。以婚姻为例，夫妻双方都期盼对方扮演某些角色，却并不开诚布公地讨论，有些人甚至连自己怀抱着哪些期望都不清楚。对方若不负所望，婚姻关系自然美满，反之则否。

这种心理招致太多问题。我们总认为，关系既然如此密切就应有默契。殊不知，其实不然。因此，宁可慎乎始，在关系开始之初，就明确了解彼此的期待，纵使需要投入较多时间精力，却能省去日后不少麻烦，这是一种必要的储蓄。否则，单纯的误会可能一发不可收拾，阻绝了沟通的管道。

坦诚相待有时需要相当的勇气，逃避问题，但愿船到桥头自然直，反倒来得轻松。但就长远看，慎乎始终胜过事后懊悔莫及。

前联合国秘书长哈马舍尔德的一句话中对坦诚相待体会至深。他说："为一个人完全奉献自己，胜过为拯救全世界而拼命。"

这句话的含义是，一个人尽管在"外务"上多了不起，却不见得能与妻子、儿女或同辈相处融洽。因为为群体服务，远不及建立私人关系需要更多人格修养。

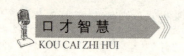

朋友交往真话最动人◀◀◀

与朋友交往，一定要谨记：假话害己伤朋友，惟有真话最动人。

真话与假话是相对立的，它会导致交友的两个不同结果，可以说获得朋友的信任，铸就自己的信誉，必须靠讲真话来赢得。而假话纵然能蒙蔽一时，但最终必将真相大白，那时说假话者只能处于一种窘迫的境地，友谊的大厦也必然颓然倾倒。

（1）说"真"话动人

说"真"话即用真挚诚恳的语言去打动对方的一种语言表达方式。这里的"真"不仅仅只是包括"真实"的意思，更重要的还在于要有"真情"。

真实、笃诚和真情是说"真"话时犹须注意的要素，以真实为铺垫、为基础，以真情动人、以真情感人，才能达到说服对方的目的。

人是有情感的高级动物，情感是人的心理过程的重要组成部分，它是人对他人和外物是否符合自己的需要所产生的内心体验。这种内心体验具有情境性和直接性，情感的产生需要外界的刺激。在人际交往之中，饱含真情实感的言语是唤起情感的一种最具神力的武器。饱含真情的语言可以顺利促使双方产生情感共鸣，关系融洽，形成良好的交际氛围；可以较快地促使双方强化相应的感性认识，形成并巩固某种态度倾向和观念信仰；可以有力地推动人们将某种行为动机付诸实施，并为成功积极奋斗。

（2）讲假话无益

有些人不管什么情况都以说谎来解决，这种人可说是心态上已经有了病症。但是，不论如何，一旦开始了骗人的想法，就会一发不可收拾地继续下去，因为"谎言就像是滚雪球一样，愈滚愈大"。

一般人会以谎话连篇企图取得别人的信任，而且大多数人也都以为说谎没什么大不了的。虽然几乎没有人是真正的绝对诚实，但朋友之间切记不可欺骗对方。

说谎其实是最没效率而且最费事的行为。然而，要做到完全不说谎却又非常困难，这就是不容易的地方。

我们常听人家说"出家人不打诳语"，由此可以知道说谎是清修得道的障碍。

虽然每个人或多或少都说过谎话，而且要自许做到绝不说谎，也的确不是件容易做到的事。然而，不管怎么说，朋友交往的时候还是要努力由内心做到不说谎，因为朋友相交最重要的前提，还是要抓住对方的心。因此，朋友之间绝对不容许有背信的行为。当你对朋友说谎的时候，第三者正在冷眼旁观地看这件事，或许就因此产生了绝望的心情。因此，你虽然只是欺骗了朋友一个人，但感到你不诚实的人却可能包括其他人。你只要有欺骗的行为，人格就会遭到质疑，而且会迅速地散布到你周围的其他朋友。朋友是你费了好大的力气才得到的资产，却因为说谎而轻易地毁弃掉自己难能可贵的资产，这岂不是太愚不可及了。

有些人非常喜欢说大话，也常对别人大吹大擂地宣称某位社会名流是他的好朋友。当别人前来拜托他帮忙拉关系的时候，他又要制造出其他的谎言来自圆其说，结果却是一点儿忙也帮不上。这种人纵然是费尽心思要拓展自己的人际关系，但所能得到的成效却十分有限。

有时，你说假话即使并没有直接伤害到朋友，却已经破坏了自己的信用。即使有时不得不以无伤大雅的谎话来达到某一种目的，但对朋友的交往只能产生负面影响。

对不起朋友时要真诚道歉◀◀◀

人非圣贤，孰能无过。对待错误最好的办法就是真诚的道歉。

不愉快的情绪是每个人都可能有的，而其表现也是多种多样的，生气就是其中之一。在与朋友交往的过程中，你不难发现你的朋友在生气。这可能是他对其他人有什么不满，但更有可能是因为你做错了什么事。当你发现是因为你做错了事才使朋友生气时，你应该怎么办呢？

你不妨用用这句话："我真诚地向您道歉"。

凯斯思的高尔夫球伙伴莫斯里是一位来自阿根廷的具有杰出魅力的移民，他在房屋开发行业中卓有成就。一次业余高尔夫球比赛中，在双打时另一个选手、他们的朋友大卫心情不好。莫斯里的比赛开局良好，但是，后来击球很糟糕。凯斯思和莫斯里跑到平坦球道的侧面等着大卫击球。莫斯里在击球时错误地看高而打空了，使球只沿着跑道跑了几码远。大卫的脸色变得铁青，大发雷霆地向莫斯里走来，大声地责备他。

莫斯里是如何反应的呢？他否认了吗？他嘲笑他的朋友这么生气了吗？他设法敷衍说"这只是一场游戏"呢？还是大声回击："别因为你今天心情不好就拿我出气！"

这几种回答本身就会使对方更生气，而莫斯里却没有这样做，他从自己的劝说语言宝库中抽出一个魔力般的表达方法。他只是真诚地说："大卫，我的朋友，我真诚地向你道歉。"气愤从大卫身上慢慢消失，就像是水从浴缸中慢慢排出一样。

"噢，没关系，"大卫嘟哝着说，"这不是您的错。"

"我真诚地向你道歉。"这句话具有如此魔力，在它真诚的攻势下，从没见过任何没有消气的人。

当然，您绝不能过多地道歉，因为当时他们感到您说的已经足够了，通过接受道歉，他们已经让您知道了这一点。

对付生气的人的另外一种较有效的方式，就是承认他说的问题，但要使用"我没有经验"这种方法去温和地表达自己的不同意见。

乔治给他的朋友做帮手，有一次，他的朋友对他大叫："这个广告册子真是太糟糕了，乔治。如果将它刊印出来，我们就将成为别人的笑柄了！"

"我没有经验。"乔治静静地回答。

"我们不能告诉顾客我们的竞争对手卖的玉米片比我们多。否则他们就会到我们的竞争对手那儿去购买了。"

"我没有经验。"

"还有这个800电话号码，它使得消费者不停地打进电话抱怨一些事情，电话费花销要比玉米片的销售额还多，我们会破产的。"

这位老板渐渐消了气。

对付生气的人切忌以好斗的语气说话。和他们说话时要保持低调，几乎是压着嗓子："我没有经验。"其实，这也是一种道歉，只是不太直接，不过丝毫不能压抑住你的真诚。

总而言之，当你与朋友相处时做错了事，不妨真诚地向他道歉，这样你们会和好如初。

善于表达你的真诚 ◀◀◀

最能推销产品的人并不一定是口若悬河的人，而是善于表达真诚的人。

"感人心者，莫先乎情。"说话时既以理服人，又以情感人。人是感情动物，语言所负载的信息，除了理性信息外，还有感情信息。这种感情信息，内涵十分丰富。其功能不仅要诉诸人的理智，而且更要打动人的情感。

大诗人白居易说得好："功成理定何神速，速在推心置人腹。"这里的推心置腹就是指话语真诚。所谓真，是指不矫揉造作，不言辞虚浮，能够保持说话人的自我本色。所谓诚，就是真心真意、不掩盖、真情流露。

林肯和美国上议院议员道格拉斯是竞选中的对手。他们曾在伊里诺斯州进行过一场轰动美国的著名辩论。在这场辩论中，林肯不仅取得了胜利，而且获得了誉满全美的"诚恳的亚伯"的称号，道格拉斯却被听众戏称为"小伟人"。道格拉斯是个阔佬，他为了推销自己，特地租用漂亮的专列，车后安放一尊大炮，每到一站就鸣 30 响，配以乐队的喧闹，声势之大，为历史之最。并口出狂言："要让林肯这个乡下佬闻闻贵族的气味。"林肯则买票乘车，每到一站就登上朋友们为他预先准备好的马拉车。面对道格拉斯的强大挑战，他以退为进，沉着应战。在一次演讲中，他说道："有人问我有多少财产？我有一个妻子，三个儿子，都是无价之宝。此外，还租有一个办公室，室内有办公桌子一张、椅子三把，墙角还有一个大书架，架上的书值得每个人一读。我本人既穷又瘦，脸蛋很长，不会发福。我实在没有什么可依靠的，惟一可依靠的就是你们。"

林肯之真诚首先在不讲排场，与选民心距拉近；内容上，贴近常人之心；谁个没有妻室儿女？他却称他们是无价之宝。这是情感认同；租用的办公室，家具少，书架大，投合选民们理想中的总统形象：廉洁、勤奋、富有学识。这样的自我介绍，不无幽默，这是形象的心理认同。最后，不把自己当作选民的救星，而把选民当作自己惟一的依靠，予以得体恭维，从而获得心理的亲近认同，通过这些推心置腹的讲话，获得选民的普遍认同，从而一举获胜。

面对客户要真诚 ◀◀◀

工作中和客户的关系虽然是公事公办，但发自内心的真诚却能使事情办得更顺利。

小王是一个销售新手，他为一家公司推销日用化妆品，可一开始不熟悉客户，每天漫无边际地瞎跑、瞎撞，还是碰了满鼻子灰，结果推销任务完成不良。一天，他又在推销，进入一家商店，正好碰上了以前高中时的同学小余。

"小王，小王。"

小王听了两声才反应过来，"唉，原来是小余呀！"

"小王，你这么忙，提着这些干什么，也做倒爷了？"

"唉，别提了，什么倒爷！简直是……唉！我也在为一家公司搞推销，是些日用化妆品，这些天，效果不是太好。"

"来，让我看看，唉！蛮不错的嘛！这样吧，我正好认识一个人，他是××百货公司化妆品部经理，我给你写封推荐信，他一定要。像这样物美价廉的商品，现在市场上已不多见了。"

"唉，老同学，有你的，如果早些日子碰到你多好，成交之后，提成我们平分，不，六四分，你六我四。"

"老同学，不用了，到时请我到大三元吃一顿足矣，赶快去吧！"

小王高兴极了，拿着信，把准备工作也做得井井有条、齐全完整，极为礼貌地与经理谈妥，订了货，也建立了良好的关系，又多了一个好客户。

"李经理，听小余经常提起您，说您是年轻有为。"

"现在化妆品比较走销，市场也很大。"

"可是，质次价高，名不符实，也不好经营，我们现在正在为这个问题发愁呢！"

"李经理，我现在正在××公司销售部工作，我们新近研制出了几个型号，现在正在开拓市场。"

"小王，你能说说吗？"

于是，小王认真地将准备好的工作说了一遍，得到了经理的认同，签订了合同。

上面是一个较为成功的例子。其中有几点是值得人们注意的。首先，小王用

真诚的谈话引起小余的同情，得到了小余的推荐介绍；而此时，小王也没有忘记对小余的许诺，这样关系就可持续并更加密切。

其次，小王对李经理的谈话，由浅入深，逐渐地接触到正题，给人以自然的感觉。所谓水到自然可以渠成。

推销员是否优秀的一个关键是能否很好地处理、解决顾客的各种问题与要求，建立与顾客的良好关系，即能否得到对方的好评，对方是否对你有好感而乐意与你继续交易。

也就是你在解决问题时，是否让对方满意，如商品、推销方式、销售之后的服务等等。即使当初不满意，在解决之后，也要让对方谅解或产生感谢的心情。

那么，如何才能得到顾客的好评呢？

在初访过程中，推销员应该灵活、礼貌、谨慎一些。同时，要永远保持热情的态度来让对方满意。产品的质量、性能以及销售的方式尽量满足对方。在销售之后，服务工作是十分重要的。往往好感或好评来自于这一阶段，坏的印象以及不好的评价也来自这一阶段的工作。因此，推销员在这一阶段的工作态度一定要诚恳、认真、负责。

下面举一个不好的例子：

"你呀，真是的，不就一点小问题嘛，你拿来我们给你修一下就是啦。"推销员如此回答客户，对方可要气坏了，即使修好了，对方也不会很满意的。万不可如此来处理问题。

"不行，我们再换一个新的不就得了，我们现在很忙，不要再打电话了。"或者："这样吧，我会为你维修的，不要像逼命似的，明天给你修。"或是："小毛病，小毛病，告诉你是小毛病嘛！不要再啰嗦了，我们会处理的，不会白拿你的保修费用的。"

这几种态度都是极不礼貌的，会伤顾客的心，下次顾客便不会再来了。

与顾客说话，要附和对方。在附和的同时，神情要愉快，切不可在赞同或附和对方的同时，显得不耐烦的样子。这样不可能让对方对自己产生信任感，也解决不了问题，反而可能使对方更加反感以至于咒骂或指责。

顾客有问题需要解决的时候，他心中便对解决的深度、程度有一个期望。你可以在解决问题时，给予他更多的好处，超过他的这种期望，如钱物上等，你便可以赢得顾客欢心，这叫"吃小亏占大便宜"。切不可与之相反，使顾客大失所望，那样你就失去了顾客。

第 6 章

幽默风趣：让人心情愉悦的口才智慧

幽默是沟通人们心灵的桥梁。说话幽默风趣能引发喜悦，带来轻松，让人快乐，消除心理压力，打破尴尬局面，化解矛盾，融消冲突，获得精神上的快感，幽默以一种愉快的方式让人在不知不觉中接受你的观点，让你更具影响力和凝聚力。

口才智慧

幽默是人际交往中的磁石◀◀◀

在社会生活中，幽默是无处不在的。幽默是语言的润滑剂，如果你善于灵活运用，必将为你的生活带来无穷的乐趣。

幽默是人际交往中的磁石，可以将你周围的人吸引到你身边来；幽默也是转换器，可以将痛苦转化为欢乐，将烦闷转化为欢畅。每个人都喜欢与机智幽默的人做朋友，而不情愿与忧郁沉闷、呆板木讷的人交往。

荣耀全美的十大销售高手之一的甘道夫博士曾说："销售是2%的产品知识和98%的了解人性。"美国《EQ》一书的作者高曼博士说："成功来自80%的EQ（情商）和20%的IQ（智商）。"可见了解人性、善于沟通、幽默口才才是成功的关键所在。我们经常会诧异，为什么有人那么受人欢迎而有人却那么受人鄙弃？问题就出在"懂不懂得销售自己"了。

希望自己更受大家的欢迎就要懂得适时地幽默一下，更要懂得将幽默摆在严肃的前面。

某大学植物系有一位植物学教授，开的课虽然是冷门课程，但只要是他的课，几乎堂堂爆满，甚至还有人宁愿站在走廊边旁听，原因并不是这位教授专业知识多傲人，而是他的幽默风趣风靡了全校园，使得学生们都喜欢上这位教授的课。

有一次，该教授带领一群学生深入山区做校外实习，沿途看到许多不知名的植物，学生好奇地一一发问，教授都详细地回答解说，一位女同学不禁停下了脚步，对着教授赞叹地说："老师，您的学问好渊博呀，什么植物都知道得那么清楚！"教授回头眨了眨眼，扮个鬼脸笑道："这就是我为什么故意走在你们前头的原因了，只要一看到不认识的植物，我就'先下脚为强'，赶紧踩死它，以免露馅！"学生们听了个个笑得前俯后仰，可见，这次实习之旅是一趟充满了笑声的愉悦之旅。

当然，教授只是开个玩笑，幽默一下而已，可这恰恰就是他广受学生欢迎的原因。

在人际交往中，冷漠的脸孔总是让人敬而远之，而微笑热情的面容总会让人有亲近的愿望。总板着"八点二十"苦瓜脸的人是不会被人欣赏和欢迎的，而拥有充满笑容的阳光脸的人会使人感觉与他成为朋友是一件让人愉快的事。

日本说话艺术与人际沟通、自我成长的专家福田建先生，曾提出一个生活实验报告："笑容可以招来笑容。"意思是说，当我们以笑脸对着别人时，别人也会以笑容回报，所以有人认为："笑是一种可爱的传染病，被它感染了不但浑身舒服，还快乐无比呢！"福田建还说："'笑脸迎人'不但是一剂人际关系的万能药，还是一剂最好的特效药。"我们不也常说"笑脸迎人，就是菩萨"吗？请记住常葆微笑、幽默对人，对人对己都是好处多多。

除了一张微笑的脸之外，受人欢迎还需要有一颗关心体贴别人的心。

曾经有一位病人牙疼去看牙医，牙医看了看后说："这颗牙已经严重蛀坏了，无法做根治，需要整颗拔掉！"病人问："请问拔一颗牙要多少钱？"牙医回答说："600元。"病人一听大吃一惊地说："什么？拔一颗牙只需短短几分钟就要收600元！"牙医笑道："如果你要慢慢地拔也可以，我可以慢慢地帮你拔，拔到你满意为止。"

在适当的场合，幽默口才可以使你更容易让人亲近，可以消除初次见面的尴尬与不安，可以使紧张的心情松缓下来，从而使你更受别人的欢迎。

幽默使自我推销更有效 ◀◀◀

在这商业化的社会上，积极地推销自我能力的人越来越多，虽然能力的高低是重要的决定因素，但推销方法的高明与否则往往是成败的关键。有些人甚至就因为方法不好，虽然颇具才华，但却不能给人好的印象。如果在自我推销的过程中加入幽默的成分，相信会收到事半功倍的效果。

美国著名销售大师杰弗里·吉特默为他的猫制作了一张名片，每次推销的时候，他都会跟客户说："我的丽托猫有一张自己的名片。她是我的吉祥物。无论我要找哪份重要文件，总会发现她躺在上面，这很有趣。而我每次参加研讨会的时候，我总会散发它的名片。原因只是为了逗人一笑。但是，每个收到名片的人都会保留它，把它拿给别人看，并和别人谈论我。"

杰弗里·吉特默为他的小猫设计名片并到处分发，这是多么有趣的创举。如果有人给你一张这样的名片，你会怎么想？你会通过它而记住对方吗？很明显，通过这种方式，杰弗里·吉特默成功地推销了自己。所以，请记住名片是你的形象的代表，它应当有新意、有趣、吸引人。

自夸的幽默技巧也能被应用在自我宣传中。与其说自夸可耻，毋宁说它是一种宣传、广告，是所有商业行为的基础。日本百货业界的巨人，丸井百货公司在推出可以签账购买任何东西的"绿色签账卡"时，有一句很幽默的自夸词："除了爱人之外，什么东西都卖给你。"日本罗德企业集团在韩国的休闲购物据点罗德广场落成时，其企业总裁重光武雄就说了一句颇有幽默感的话："除了葬仪社之外，我们应有尽有。"

但是，在向别人推销自己时，如果言辞太过于自夸，在较含蓄的社会中还是不太容易被接受的。不过，同样是一句自夸的话，若是由具有幽默感的人来说，可能就比较不刺耳。下面就是一个以幽默的方式来夸耀自己的佳作。

美国职业棒球界的某选手曾夸耀他自己的跑步速度说：

"我若告诉你我能跑得多快，您恐怕吓死哦！只要我打出全垒打时，观众还没听到球棒打到球的声音，我人可能已经到一垒了。"

——这么说来它的速度简直就是超音速了嘛！

　　自夸的话语之所以听起来很逆耳，是那些话语中经常带有夸张不实的描述，或许我们可以更肯定地说，自夸的话多少有些吹牛。可是，现在则是个自我推销的时代了。强鹰若是不张爪，可能将捕不到好猎物而终其一生。反倒是那些本身毫无才能，因装着尖锐假爪的劣鹰，却能时时大快朵颐。

　　不过话虽如此，但过分或过于低俗地自我炫耀，还是会招致别人反感的。因此，一句要兼具自我宣传和自我炫耀的话，它必须是具有适度的幽默感，才能避免引起反感，并让人愉快地接受。一句话，自我推销要大胆，自我宣传要幽默。

幽默让观点更易得到认同◀◀◀

说话要深刻有力，就要学会运用诙谐的力量。因为幽默能给人们留下亲切可敬的印象，从而使你的观点为人家所认同。

随着事业或工作上的人际关系日益复杂，迫切需要幽默力量的不断增长，这样你会摆脱许多不必要的麻烦。有的人在工作场合一说话就感到紧张不安，其实这时如果你掌握了幽默的技巧，就可以摆脱不安了。只要有个诙谐的开头，再有个良好的线索，并且使其首尾相接，一气呵成，就没有什么值得紧张不安的了。当然，语言幽默说起来容易，做起来却很难，需要我们好好学习。

例如，有的人讲了一个多小时，大家都没有听懂他到底要说什么。其实，他只需要穿插一两个小小的幽默就可以比他一个小时讲的东西还要丰富。长篇大论并不比短小精悍、言之有物有价值。

说话通常的开场白有两种方式，一种是速成式，就是要在开场时立刻抓住听者的注意力；另一种是缓慢式，也就是先让听者了解你要讲些什么，然后再进入正题。无论用哪种方式开始与人交谈，幽默诙谐的开场方式都能帮助你顺利地进入正题，从而在你与听者之间建立起成功的联系纽带，直到你的谈话结束。

其实，之所以不断强调幽默在谈话中的重要性，是因为幽默会让听你说话的人喜欢上你。而只要他们喜欢上了你，无论你说什么，他们都会乐意听下去。

在言谈中，一些难以直说的观点往往可以通过开自己玩笑的方式表达出来。比如在谈到时间的重要性时你可以说："记得在刚开始工作的时候，前辈们告诉我专心工作可以让我忘却一切烦恼，但直到最近我才发现这句话果然有效。"

这种把幽默的玩笑口吻用到自己身上，借以表达自己的观点的方式，就能和听者建立亲密的沟通关系。因为人的注意力是相对的、暂时的，因此在吸引对方注意力方面不能指望一劳永逸。一旦你说话变得平淡，听者就会感到乏味，注意力就难免要分散。因此，你在谈话中，要时时注意观察对方的反应，一旦意识到对方的注意力有所分散，就要努力把他拉回来。你可以改变一下话题，或者是换一下说话的方式，用一句俏皮话或一则笑话把对方的注意力再次集中到你的身上。

　　假如你正在讲有关季节性或周期性的问题，你可以插入一句这样的俏皮话：

　　"我发现，月亮满月的日子里犯罪率总是很高的。这很好解释，因为小偷和强盗总是在这种时候看得更清楚嘛。"

　　要知道，幽默的话语必须与你所说的内容相吻合，并使这个幽默成为你所要表达的内容之一。如果你突然所说的幽默故事与你所讲的内容毫无关系，那也只能让别人开心一下，对你所说的话的效果丝毫没有帮助。

　　幽默给人以从容不迫的气度，更是成熟、机智的象征。你不必为自己的言语贫乏而懊恼，掌握下列幽默方法，你也可以成为幽默专家。

　　当你叙述某件趣事的时候，不要急于显示结果，应当沉住气，要以独具特色的语气和带有戏剧性的情节显示幽默的力量，在最关键的一句话说出之前，应当给听众造成一种悬念。假如你迫不及待地把结果讲出来，或是通过表情与动作的变化显示出来，那就像饺子都破了一样，幽默便失去效力，只能让人扫兴。

　　当你说笑话时，每一次停顿，每一种特殊的语调，每一个相应的表情、手势和身体姿态，都应当有助于幽默力量的发挥，使它们成为幽默的标点。重要的词语应加以强调，利用重音和停顿等以声传意的技巧来促进听众的思考，加深听众的印象。不管你肚子里堆满了多少可乐的笑话和俏皮语言，你都不能为了体现你的幽默之处，而不加选择地一个劲儿地倒出来。语言的幽默风趣，一定要根据具体对象、具体情况和具体语境来加以运用，而不能使说出的话不合时宜。否则，不但收不到谈话所应有的效果，反而会招来麻烦，甚至伤害对方的感情，引起事端。因此，如果你现在有一个笑语，不管它有多么风趣，但如果它有可能会触及对方的某些隐痛或缺陷，那么，你还是做一下努力，把它咽到肚子里去，不说出为好。

幽默使人更具影响力◀◀◀

幽默，是一门魅力无穷的艺术。幽默用它特有的魅力吸引着无数人，使他们为之倾倒。世界各国的人都以其特有的方式体现着他们的幽默智慧。

俄罗斯有一位著名的丑角演员尼古拉，在一次演出的幕间休息时，一个很傲慢的观众走到他的身边，讥讽地问道："丑角先生，观众对你非常欢迎吧？"

"还好。"

"要想在马戏班中受到欢迎，丑角是不是就必须具有一张看起来愚蠢而又丑陋的脸蛋呢？"

"确实如此，"尼古拉回答说，"如果我能有一张像先生您那样的脸蛋的话，我准能拿到双倍的薪水。"

傲慢的观众本想借此为难一下尼古拉，却反受到尼古拉巧妙而机智的还击。

人的幽默感是心智成熟、智能发达的标志，是建立在人对生活的公正、透彻的理解之上的。理解生活应当说是高层次的能力，在此基础上，才能形成更好地生活的能力。

通常从某种意义上说，培养自己的幽默感，也就是培养自己的处世、生存和创造的能力。有较强生活能力的人，通常也是一个有影响力和感染力的人。

一个人是否有影响力，在一定程度上取决于他是否具有幽默感，是否掌握了幽默的艺术。

歌德有一次出门旅行，走进一家饭馆，要了一杯酒。他先尝尝酒，然后往里面掺了点水。

旁边一张桌子坐着几个贵族大学生，也在那儿喝酒，他们个个兴致勃勃，吵吵嚷嚷，闹得不可开交。当他们看到邻座的歌德喝酒掺水，不禁哄然大笑。其中一个问道："亲爱的先生，请问你为什么把这么好的酒掺水呢？"

歌德回答说："光喝水使人变哑，池塘里的鱼儿就是明证；光喝酒使人变傻，在座的先生们就是明证。我不愿做这二者，所以把酒掺水喝。"

一个掌握了幽默艺术的人，他的幽默语言和行为会一传十、十传百，成倍地扩展。如果幽默的语言行为中有他的思想、观点，那么，就会有很多人来传播他的思想、观点。幽默的涟漪或效果一旦产生，你所要传达的信息也随即被他人接受。无论他人是反对还是支持，至少他已了解了你的想法，于是你的影响便由此而产生。

自嘲是社交中的灵丹妙药◀◀◀

在社交中，自嘲作为一种工具，自有独特的功效。

喜剧演员潘长江曾说："记者问我为什么能广受观众的欢迎，是不是自己有什么诀窍。我说，我最大的长处就是谦逊，你看，我什么时候自高自大过？"记者听了哈哈大笑。善于自嘲的人总能受到别人的欢迎。下面就是社交中自嘲最常表现出的功用：

（1）缓解紧张情绪

与人初次见面时，会感到紧张，这是很自然的。问题是，如果对初次见面考虑过多，紧张就会加重。为了避免这种情形的发生，将自己紧张甚至失败时的情形说出来，自我嘲笑一番，是一种可行的方法。例如，有人一说："你瞧！我一紧张就像酒精中毒一样，手不断地发抖，真没办法。"这么一说，手反而不抖了。

（2）显示自信，维护面子

有时你陷入难堪是由于自身的原因造成的，如外貌的缺陷、自身的缺点、言行的失误等等，自信的人能较好地维护自尊，自卑的人往往陷入难堪。对影响自身形象的种种不足之处大胆巧妙地加以自嘲，能出人意料地展示你的自信，在迅速摆脱窘境的同时显示你潇洒不羁的交际魅力。如你"海拔不高"，不妨说自己是体积小魅力大，浓缩的都是高科技；如丑陋的你找了一个美丽的她，不妨说"我很丑但我很温柔"；即便你如刘墉一样背上扣个小罗锅，也不妨说你是背弯人不弓。如果你能结合具体的交际场合和语言环境，把自己的难堪巧妙地融进话题并引出富有教育启迪意义的道理，则更是妙不可言。

某老师普通话不过关，有一次上语文课，讲到某一问题要举例说明时，把"我有四个比方"说成了"我有四个屁放"，一时教室里像炸开了锅，学生笑得不可收拾。老师灵机一动，吟出一首打油诗："四个屁放，大出洋相，各位同学，莫学我样，早日练好普通话，年轻潇洒又漂亮。"

老师的机智幽默赢得了学生的热烈掌声。

（3）表示豁达，增加人情味

笑自己的长相，或笑自己做得不很漂亮的事情，会使我们变得较有人性，并给人一种和蔼可亲的感觉。

一次，陈毅到亲戚家过中秋节。进门就发现一本好书，便专心读起来，边读边用毛笔批点，主人几次催他去吃饭，他不去，主人就把糍粑和糖端来。他边读边吃，竟把糍粑伸到砚台蘸上墨汁直往嘴里送。亲戚们见了，捧腹大笑。他却说："吃点墨水没关系，我正觉得自己肚子里墨水太少哩！"人们喜爱陈毅，难道和他的这种豁达、幽默的性格没有关系吗？

总之，在社交场合中，自嘲是不可多得的灵丹妙药，别的招不灵时，不妨拿自己来开涮，至少自己骂自己是安全的，除非你指桑骂槐，一般是不会讨人嫌的。智者的处事妙方便是：不论你想笑别人怎样，先笑你自己。

学会临场发挥幽默◀◀◀

随机应变的幽默是化解尴尬、应对突发情况的最佳办法。

有这样一个题为《作品》的小幽默：

"我为去年的艺术展览油漆了一件作品。"

"挂出来展览了吗？"

"是的，在入口附近，极显眼的，每个人都能见到它。"

"祝贺你了，是什么作品？"

"一块牌子，上面写着'向左走'。"

这个小幽默"衬"了两次。先是介绍自己的作品参展，接着又强调展览位置的重要，人人都看了这展品。最后才露了底：原来是一块路标！

再看一个题为《出人意料》的小幽默：

迪埃尔要雇用一名司机，他向四名申请者问道："在悬崖上行车时，你们可以把汽车靠得离悬崖边沿有多近而不会翻车？"

第一位申请者很有把握地回答说："一英尺！"

"六英寸！"第二位拍拍胸膛喊道。

"他们都不如我，"第三位挥舞着双手高声地回答，"三英寸！"

第四位却平静地说道："我将设法尽可能远离悬崖边沿。"

迪埃尔立即录用了第四位申请者。

这则小幽默是三衬一跌。前三个司机之所以被作了"衬"，是因为雇司机的人事先设置了一个陷阱，他的问话"在悬崖上行车时，你们可以把汽车靠得离悬崖边沿有多近而不会翻车"是一种别有用心的错误诱导。他问话的意图似乎是在了解各位司机的驾车技术水平，所以前面三位司机争先恐后地显示他们的"艺高人胆大"，并不是毫无道理的。这时候，第四位司机如果跟着起哄，也难分高下，所以他爆出了冷门，换了思维方式和回答角度。他一反前三位司机之道而行之，表示尽可能远离悬崖，以认真谨慎的工作态度取胜。这一"跌"，跌出了智慧，令人在惊喜中看到了谐趣。

一位先生牙痛难忍，来找牙科医生。

医生检查后对他说："先生，有颗坏牙必须拔掉才行。"

病人听后不仅叫得更厉害，而且双手发抖。

"这样吧，给你服点酒精饮料就不害怕了。"

医生递给病人一高脚杯饮料，病人喝过后双手仍抖个不停，他又喝了第二杯、第三杯，直到由第四杯，病人才算中止了叫声。

"先生，现在怎么样？拔牙不害怕了吧？"医生问。

"现在，"病人"嗖"地一下从治疗椅上站了起来，厉声说："我看谁敢拔我的牙！"

这则幽默是比较典型的例子。"衬"的方法多是同类事物的数量、程度的叠加。

在各种社交场合，每个人都难免遇到尴尬人，办出尴尬事，陷入一种狼狈的境地。这时靠幽默的自我调节，则可立收神效。

不幸的光勒先生病了。医生彻底检查完了之后，十分悲哀地告诉他："你的健康状况糟透了！您腿里有水，肾里有石，动脉里有石灰……"

米勒接口道："现在您只要说我脑袋里有砂子，那么我明天就可以盖房子了！"

疾病对人的打击并不是一件小事，但一个有超脱、潇洒的生活态度的人却不会因此而失去生活的希望和欢乐。

一位光彩照人的女演员在舞台上刚演唱结束，在谢幕时却不小心被麦克风的电线绊了一个跟头。这个女演员镇定自若，爬起身来，冲着话筒说："我真正为大家的热情倾倒了！"顿时，噪声和笑声交成了喝彩的掌声。

这就是令人赞叹的机智和敏捷。这位女演员所演唱的歌曲，可能事先排练过数十遍，轻车熟路，而最后的这句台词却是从来没有想过的。这就是临场发挥幽默的困难之处，也是它的精彩迷人之处。

巧用幽默来表达看法◀◀◀

巧妙地运用幽默可以在表达清楚想法的同时不破坏气氛、弄僵人与人之间的关系。

下面例子中的情况似乎是司空见惯的：

在公共汽车上，乘客和售票员经常处于对立的局面，一点小事都会引起激烈的舌战。如大腿被门夹住了，报站名没听到，错过站的乘客慌慌张张地擂门大叫："售票员下车！"

而售票员瞪眼瞅他，正在酝酿几句一鸣惊人的奚落话。

如果这时有一位乘客及时插嘴说："售票员不能下车。售票员下车了，谁来售票？"

不仅那位错过站的乘客会报以微笑，可能连售票员也会变得和颜悦色起来。

同样，当我们要表达内心的不满时，如果能使用幽默语言的话，别人听起来也会顺耳一些。例如：

杰克和他的情人玛丽想喝咖啡，但端上来的咖啡差不多只有半杯，这时杰克笑嘻嘻地对咖啡店主人说："我有一个办法，保证叫你多卖出三杯咖啡，你只消把杯子倒满。"

杰克巧妙地运用幽默来表达失望感，却不致给对方带来难堪。也许杰克并没有喝到满满一杯咖啡，但杰克一定会得到友善、愉快的服务，咖啡店主人或许还会请杰克下次再光临该店。

在任何情况下，以富有幽默感的评语来代替抱怨，都可以使你得到比较周到的服务。

有一次，安德鲁到一家旅馆去投宿，旅馆职员说："对不起，我们的房间全部客满了。"

安德鲁问："假如总统来了，你可有房间给他？"

"当然有！"职员说。

"好。现在总统没来，那么你是否可以把他的房间给我？"

结果是安德鲁得到了房间。当我们需要把别人的态度从否定改变到肯定时，幽默力量具有说服效果，它几乎是一种有效的特殊处方。

汤玛斯.卡来尔对幽默的理解可以说是一种真知灼见。他说："真正的幽默是从内心涌出，更甚于从头脑涌出。它不是轻视，它的全部内涵是爱和争取被爱。"他还说："幽默力量的形成主要在于我们的情绪，而不在我们的理智。你的幽默力量是你，是你以愉悦的方式表现出来的你。它表达出你个人的真诚，你心灵的善良，你对别人、对生活的爱心。你能够真正掌握幽默这种力量，那么你也能够表现不平凡的作为，创造有意义的人生。"

而有人认为幽默只是一种轻浮，是巧舌如簧。这种人把生活搞得干涩而痛苦，他不懂得幽默，也就从来不会实现精神上的超越。一个毫无幽默感的人，他一生中的困难最多，对自己、对别人的伤害也最大。

当然，如果幽默是攻击，是讽刺，是伤害，或是责备他人的武器，那么只会杀死别人的感情，最终也杀死自己的感情。这样的幽默是酸溜溜的，毫无可取之处，而你将在别人心目中变成一个干瘪而可怕的人。

所以，真正的幽默不仅是在严肃与趣味之间达到相宜的平衡，而且是要剥去虚假的"机智"，在爱与争取被爱的前提下去摆脱不健康的"情绪"，睁开眼睛看自己错误的想法、肤浅的观点和时而偏差的价值观，进而使我们的身心和周围的一切均衡地成长，实现更高级的文明。

不消说，我们希望和幽默的人一起工作，我们愿意为具有幽默的人做事。小姐们喜欢选择天性诙谐幽默的男人做丈夫，学生渴望老师把枯燥的学问讲得妙趣横生。同样，我们要求商场和工厂的经理人具备幽默力量，更希望政府官员多一点幽默感。政治家在竞选时不忘多多利用幽默，小孩子也会因为父母创造的幽默环境而心智活泼健康。此外还有文学、音乐、绘画、雕塑、戏剧等艺术，我们无一不是在追求幽默。

这一切足以说明，幽默是一种滋养文明的文明，它产生在人们的爱与争取被爱的基础上，是人们改善自己和面对生活困境时所产生的一种需要。

适当使用幽默来增强感情◀◀◀

幽默是感情的润滑剂。

如果我们足够幽默，足够风趣，我们就很可能让恋人陶醉在爱河之中。不过，对初相识的情人说来则要慎用幽默，因为，根据爱情心理学，此时女性最迫切需要的是男性的力感，因此，初交女友，幽默要注意把握分寸，只有"力感"的晕轮效应达到一定程度，双方关系足够密切后，再适当地使用幽默来增强美感，才能取得较好的效果。

一对恋人相爱很长时间，感情很深了。有一次，他们一同看话剧，第二幕还未开幕，男孩便一本正经地对女友说："别看了，咱们哪有时间等这么久。"女友感到很疑惑地说："精彩的还在后面，咱们又没有什么急事啊！"男的指着字幕说："你看，那不是说第二幕在一年之后才演？"女友笑得前仰后合，轻轻捶打男孩。

但是，如果男女相识不久，第一次约会看戏的时候，也来这么一个幽默，对方一定以为那个男孩精神不正常，或者认为他太幼稚做作了。

一对情人去买兔皮大衣，女方很喜欢那件黑色兔皮大衣，但担心它不能适应雨雪水，就问男友："它怕雨雪吗？"男的幽默回答："当然不怕，你看过哪个兔子下雨打伞？"一下子就把女方和售货员都逗笑了。售货员直对女孩夸他的男朋友聪明风趣，女孩感觉脸上很有面子，对男孩的感情更深了。

可是，若是男孩刚认识女方，这么一幽默，惹得大家都笑，她就可能误以为男子不够稳重、成熟，即使售货员一直夸奖男孩，她也会在内心里更加慎重考虑了。

处于热恋中的情人，也不可忘了不时利用幽默来给爱情加温。这时来点幽默，更能创造出轻松愉快，富于情趣的爱情生活。只要你挑动神经中的幽默这根弦，即可与你的恋人奏出一曲和谐的恋曲。

一次，一个小伙子从背后捂住了正在公园长椅上等他的恋人的眼睛，道："只允许你猜三次，若猜不中我是谁，我就吻你一下。"

你猜女孩怎么猜的？

她张口喊道："你是——张学友？梁朝伟？金城武？"

当然，在这方面的幽默故事还有很多，人生风云难测，爱情也不会一帆风顺。恋人情侣间也难免会有磕磕绊绊的时候，此时达观一些，逗逗乐子，干戈便可化为玉帛。

有一位历史学硕士生，在热恋之际，仍手不释卷地用功读书。

女友不满地说道："但愿我也能变成一本书。"

硕士疑惑不解地问："为什么？"

"那样你就会没日没夜地把我捧在手上了。"女友说。

看到她满脸不快，硕士打趣地说："那可不行，要知道，我每看完一本书就要换新的……"

女友急了："那我就变成你书桌上的古汉语词典！"

说完，她自己也不禁扑哧笑了。

我国宋代文人秦少游（秦观）和苏小妹有不少作诗联对的趣事，也可以作为谈情幽默的好例子。

洞房花烛夜，苏小妹故意刁难秦少游，出上联"推门拥出天上月"，把才子秦观难住了。幸而苏东坡急中生智，以石块投入池中，秦观"顿悟"马上接下联"投石冲开水底天"。

这种技巧型的机智幽默耐人寻味。恋爱到了一定的火候，两个人一般是要结婚的。在洞房花烛的时候，也不妨幽默一下，这样可以给爱情生活做一个愉快的总结，给婚姻生活来一个意味深长的开头，给幸福的生活留下永不磨灭的记忆。

幽默要适度和得体◀◀◀

任何事情都要有度，幽默也不例外，玩笑开得过分就不是玩笑了。

在生活中，适度、得体地开个玩笑、幽默一下，可以使周围的人松弛自在，并能营造出适于交际的轻松活跃的气氛，这也是具有幽默感的人更受欢迎的原因。如果玩笑无度，不但收不到好的效果，更会造成严重的后果。

我们都知道"一笑倾人城，再笑倾人国"的由来。

这话讲的是中国古代的大美人褒姒。周幽王是褒姒的情侣。为什么叫幽王呢？大概是他想自封为"幽默之王"吧。这个周幽王为了向女朋友褒姒展示自己的幽默天赋竟然烽火戏诸侯，以致亡了国。

无独有偶，因在不适当的场合展示所谓的幽默而造成严重后果的还有美国前总统里根。

美国前总统里根有一次在国会开会前，为了试试麦克风是否好用，张口便说："先生们请注意，五分钟之后，我将宣布对苏联进行轰炸。"一语既出，众皆哗然。里根在错误的场合、时间里，开了一个极为荒唐的玩笑。为此，苏联政府提出了强烈抗议。

幽默是要挑选对象的，就像音乐是给会欣赏音乐的人听的，绘画是给会品味绘画的人看的一样，找错了对象的幽默难免会造成双方的难堪。

有一次，一位男士的女同事穿着一身漂亮的新衣服来上班，他幽默地说道："今天准备出嫁？"这其实是一种夸赞，只不过话说得委婉一点，调侃一点。

然而，他的这位女同事却是个神经质的泼妇。

她闻听此言，怒不可遏，拍案而起："你骂人！难道我离婚了，难道我丈夫不在了？"接着又来了一大串的谩骂。

这位男士万万没有想到，他的颇为得意的幽默竟被人家当成是不堪入耳的污言秽语，得到的竟是如此难堪的结局。他百口难辩，只好道歉了事。每当提及此事他都苦笑不已，因为那位女同事因此而到处说他是个"二百五"。

幽默口才应当是阳春白雪，不宜任意挥霍。下面叙述在运用幽默口才时应该注意的几个问题。

（1）不同辈分的人开玩笑要适当

和长辈、晚辈开玩笑忌轻佻放肆，特别忌谈男女情事。几辈同堂的玩笑要高雅、机智、幽默，能助兴，乐在其中。当同辈人开男女这方面玩笑时，自己以长辈或晚辈身份在场时，最好不要掺和，若无其事地旁听就是。

（2）和残疾人开玩笑要注意避讳

人人都怕别人用自己的短处开玩笑，残疾人尤其如此。俗话说，不要当着和尚骂秃子，瞎子面前不谈灯光。

要知道人是没有完美无缺的，他人的缺陷和不足绝不是你拿来玩笑的材料。这种笑话会严重地伤害到对方，导致不堪设想的后果。

（3）和非血缘关系的异性单独相处时忌开玩笑

哪怕是开正经的玩笑，也往往会引起对方的反感，或者会引起旁人的猜测非议。要注意保持适当的距离，当然，在一定场合也不能拘谨别扭。

异性之间的幽默更要做到张弛有度，那些所谓的"荤段子"不但不能拉近异性之间的距离，反而会降低自己的格调，使对方认为你低俗难耐。

（4）朋友陪客时忌和朋友开玩笑

人家已有共同的话题，已经形成和谐融洽的气氛，如果你突然介入与之开玩笑，转移人家的注意力，打断人家的话题，破坏谈话的雅兴，朋友会认为你扫他的面子。

（5）莫板着脸开玩笑

到了幽默的最高境界，往往是幽默大师自己不笑，却能把你逗得前仰后合。然而在生活中我们都不是幽默大师，很难做到这一点，那你就不要板着面孔和人家开玩笑，免得引起不必要的误会。

（6）不要总和同事开玩笑

开玩笑要掌握尺度，不要大大咧咧地总是开玩笑。这样时间久了，在同事面前就显得不够庄重，同事们也不会尊重你；在领导面前，你会显得不够成熟，不够踏实，领导也不会信任你，因而不会对你委以重任。这样做实在是得不偿失。

（7）不要以为捉弄他人也是开玩笑

捉弄别人是对别人的不尊重，会让人认为你是恶意的，而且事后也很难解释，它绝不在开玩笑的范畴之内。轻者会伤及你和同事之间的感情，重者会危及你的"饭碗"。记住"群居守口"这句话吧，不要祸从口出，否则你后悔晚矣！

（8）内容要高雅

笑料的内容取决于开玩笑者的思想情趣与文化修养。内容健康、格调高雅的笑料，不仅给对方启迪和精神上的享受，也是对自己美好形象的有力塑造。钢琴家波奇一次演奏时，发现全场有一半座位是空着，他对听众说："朋友们，我发现这个城市的人们都很有钱，我看到你们每个人都买了两三个座位的票。"于是这半场听众放声大笑；波奇无伤大雅的玩笑话使他反败为胜。

（9）态度要友善

与人为善是开玩笑的一个原则。开玩笑的过程，是感情的互相交流传递的过程，如果借着开玩笑对别人冷嘲热讽，发泄内心厌恶、不满的感情，那么除非是傻瓜才识不破。也许有些人不如你口齿伶俐，表面上你占了上风，但别人会认为你不能尊重他人，从而不愿与你交往。

（10）行为要适度

开玩笑除了可借助语言之外，有时也可以通过行为动作来逗别人发笑，但必须要适应，否则会酿成恶果。

有一对小夫妻，感情很好，整天都有开不完的玩笑。一天，丈夫摆弄鸟枪，对准妻子说："不许动，一动我就打死你。"说着真的扣动了扳机，结果，妻子被意外地打成重伤。可见，开玩笑千万不能过度。

（11）要区别对象

同样一个玩笑，能对甲开，不一定能对乙开。人的身份、性格、心情不同，对玩笑的承受能力也不同。

对方在性格上能宽容忍耐，玩笑稍微开大了可能也会得到谅解。对方性格内向，喜欢琢磨言外之意，开玩笑就应慎重。对方尽管平时生性开朗，但如恰好碰上不愉快或伤心事，就不能随便与之开玩笑，相反，对方性格内向，但正好喜事临门，此时与他开个玩笑，效果会出乎意料得好。没有幽默的人生是可悲的。幽默就像春日里的细雨，就像山间轻柔的小溪，它是人类的一种智慧，一种艺术，一种境界。把握好幽默的分寸，你就能很容易地为他人和自己营造出轻松、愉快的气氛，使人生这台不断运动的机器，更好地运转。

|第 7 章|

以情动人：让人内心感动的口才智慧

"感人心者，莫先乎情"。人是一个情感的动物，充满感情，融入真情的语言最能打动人心。巧妙地运用充满真情的话语，可以促使说者与听者产生情感上的共鸣，可以促进交流双方的关系融洽，从而形成良好的沟通氛围；充满情感的话语可以使人赢得广泛的人脉关系，为人生的成功创造有利的条件。所以我们在与他人讲话时，一定要加热语言的温度，注入情感的因素。

口才智慧

感人心者，莫先乎情◀◀◀

人在日常交往中，深厚稳定且有原则性的情感，往往会产生巨大的鼓舞力量。因此，"情"是口语表达的一个重要因素。

人是有感情的动物，对感情尤为敏感，而语言所负载的信息，除了理性信息之外，就是情感信息。这种情感信息的内涵十分丰富，它的功能不仅是要诉诸人的理智，而且是要打动人的情感。"感人心者，莫先乎情"，这就要求我们在说话中，一定要充满着讲说者自己的真情实感。所谓情感，就是人接触客观外界事物所产生的肯定或否定的心理反应，诸如喜欢、愤怒、悲伤、恐惧、爱慕、厌恶等。

在人际交往中，话语所饱含的情，就会在传递信息、思想的同时产生言语魅力和感染作用，从而取得圆满的交际效果。俗话说，"情自肺腑生，方能入肺腑""通情才能达理"。列宁也认为："没有人的情感，就从来没有，也不可能有人对真理的追求……只有被感情支配的人才能使人相信他的情感是真实的，因为人们都具有同样的天然倾向，惟有最真实的生气或忧愁，才能激起人们的愤怒和忧郁。"这就是说，说话人的话语一定要受到发自内心的充沛情感的支配，才可能产生感染力、影响力和号召力。世界最著名的演讲家之一，美国黑人领袖马丁·路德·金在林肯纪念堂前发表了《美国给黑人一张不兑现的期票》的演说，其高潮部分是这样的：

"回到密西西比去吧。回到阿拉巴马去吧。回到南卡罗来纳去吧。回到佐治亚去吧。回到路易斯安纳去吧。既然知道这种境况能够而且一定改变，那就回到我们南方城市中的陋巷和贫民窟去吧。我们绝不可以陷入绝望的深渊中。

"今天，我对大家说，我的朋友们，即使我们面临着今天和明天的各种艰难困苦，我仍然有个梦想，这是深深扎根于美国人梦想中的梦想。我梦想着，有那么一天，我们这个民族将会奋起反抗，并且一直坚持实现它的信条的真谛——'我们认为所有的人生来平等是不言自明的真理'。

"我梦想着，有那么一天，甚至现在仍为不平等的灼热和压迫的高温所炙烤着的密西西比，也能变为自由与和平的绿洲。

"我梦想着，有那么一天，我四个孩子，能够生活在不以他们的肤色，而是以他们的品行来判断他们的价值的国度里。

"我梦想着，有那么一天，就在邪恶的种族主义者仍然对黑人活动横加干涉的阿拉巴马州，就在其统治者抱不取消种族歧视政策的阿拉巴马州，黑人儿童将能够与白人儿童如兄弟姐妹一般携起手来。

"我梦想着，有那么一天，沟壑填满，山岭削平，崎岖地带铲为平川，坎坷地段夷为平地，上帝的灵光大放光彩，芸芸众生共睹光华。

"这就是我们的希望，这是我们返回南方时所怀的信念。怀着这个信念，我们能够把绝望的群山凿成希望的磐石；怀着这个信念，我们能够将我国种族不和的喧嚣变为一曲友爱的乐章；怀着这个信念，我们能够一同工作，一同祈祷，一同奋斗，一同入狱，一同为争取自由而斗争。坚信吧，总有一天我们会自由……"

在这段演讲中，马丁·路德·金用四段"我梦想着"领起的排比式表述，深情地、正面地、具体地表现了对自由的渴望，语势磅礴，一泻千里。他热切地期望种族歧视最严重的密西西比变成"自由与和平的绿洲"，希望自己的孩子在有高尚品德和卓越才能的情况下不因肤色不同而得不到公正对待，希望黑人儿童与白人儿童能像兄弟姐妹一样携起手来，和睦相处，由此甚至希望一切都变得公正平直，坦途通天。作为民权运动的领袖，他的这些话完全发自肺腑，道出了千百万黑人的心声，使得在场的听众有的呐喊，有的喝彩，有的悄然流泪，有的失声痛哭。话语之"情"，出于肺腑，方能入肺腑，达到以情动人的效果。

以真情打动人心◀◀◀

"山不在高,有仙则名;水不在深,有龙则灵。"人也是一样的,无论你的相貌、学历、财富、出身如何,只要你带着真实的情感与人交往,你就一定可以赢得知心的朋友,从而拥有令人折服的社交舞台。

古人曰:"有朋自远方来,不亦乐乎!""最难风雨故人来",都道出了朋友间所凝聚的真情厚谊,反映了他们肝胆相照、充满真情的交往过程。可以说,充满真情,以情暖人是交友说话打动人心的重要要素.是赢得知心朋友的重要所在。

在我国东汉时,曾有一位为人称赞的典范,他名叫荀巨伯。此人交朋友特别讲求诚挚,重视"义"字。

有一天,荀巨伯正在房中闲坐,忽然外面有人送进一封书信,荀巨伯打开一看,是自己的远方朋友。信中说:"伯兄,别来无恙?愚弟自与兄相识,亦有几度春秋,心中感幸。古人云:'人生得一知己足矣。'与君促膝而谈,共话世事短长,何其乐哉?奈何来去匆匆,聚时不易别时也难。千里之遥,遥不可闻,天涯咫尺,共祈明月。无奈那日染病卧床,僵直难动,抬手举目亦是疲累,念去期之不远,恐弗能与君再会,心中愈感凄凉。此修书一封,薄纸片语无以尽述其意,惟兄知之。"

荀巨伯读完信,心中一颤,来不及多想,忙收拾东西,打好包裹上了路。朋友远在千里之外,荀巨伯星夜赶程。走了好几日,来到朋友所在的郡地时,却发现此地被胡人团团围住。当时,随他同行的人都劝他说:"最好还是别进去了,胡人野蛮,弄不好会丢掉性命的。"他却什么也没有说,自顾前行。

他潜入了城中,城中已是慌乱纷纷,荀巨伯看着慌奔的人群,望着凌乱不堪的城镇街道,心中倍感凄凉,更想到友人卧病在床,心中酸楚,急急寻找朋友居处。

当朋友睁开微弱的双睛见到荀巨伯时,眼睛突然放出异彩,挣扎着颤抖的双手想坐起来,荀巨伯赶紧迎过来伸出双手将他扶住,让他不要动。朋友望着风尘仆仆的荀巨伯,泪水在瘦削得不成样子的脸庞上滚动,喉间咕咕直响,却哽咽着说不出话来。荀巨伯握着友人枯瘦的手、望着瘦骨嶙峋的友人，也止不住掉下泪来。凄声地说："愚兄应早早赶来才是，愚兄——"

那朋友用微弱的气力使劲摇了摇头，眼睛闭了闭，用细弱的声音说："不，你不要这样说——在这样的时候，从那么远的地方，你却赶来看望我——我——不知该怎样感谢你才好，——我——，我恐怕是没有几天寿限了。现在又遭胡人侵掠，怕是城镇不保。对于一个将要死的人来说，谁来侵略就只管侵啦，一切都无关紧要了。——可是，你必须赶快想办法离开这里，我在临死之前能够见君一面也就心满意足了，——我——不愿让你因为我的拖累而遭到什么不幸，你快走——"

说着，将手从荀巨伯手中抽出来，示意荀巨伯快去逃命，荀巨伯听完立刻说："你这是什么话？你把我当成什么人啦？你病成这样我怎么能抛下你不管呢，那还算什么朋友，你未免太看扁我啦？"那位朋友苦笑一下，泪水再次涌出，感动得说不出话来。胡人很快破城而入，四处搜索，抢掠财物，但家家户户已是凌乱不堪，逃的逃，散的散，惟独有一院户秩序井然。胡人进来后见院中一切都很平静，不觉生奇，破门拥入室内，却见一人安然坐在屋中，他们进来后，那人只是看了他们一眼，随即又手端药碗给床上躺着的人喂药，这正是荀巨伯和他的朋友。

胡人当即火冒三丈，大发淫威："我大军所到之处。无不望风而逃，你是何人，竟如此大胆，轻视我等，莫非你要一个人挡住我勇武大军吗？"

荀巨伯将药碗放到床边的方桌上，站起来冲胡兵们一抱举，说："请你们不要误会，我也不是这里的人，我的家距此有千里之遥。我到这里来是为了看望这位病重的朋友，不想与贵军相逢。现在我的朋友病情很严重，危在旦夕，而由于贵军的到来，大家逃得逃，走得走，可怜我的朋友无人照料。我是他的朋友，理应在此照料他，并非有意与你们做对，如果你们不肯放过我们，定要杀的话，我请求你留下我的朋友，他是一个病人，要杀就杀了我吧！"说着，将头向前一伸。胡人听完当即全都愣在那里，面面相觑，相视无语，又看看手中亮光闪闪的钢刀。半晌，一个头领说："想不到竟还有如此坚守道义的人，我们以不义之师侵道义之地，实乃罪过！"说着，冲其他人一挥手，"走吧！"此中真情难道不比金子贵重吗？

学会倾注自身的情感◀◀◀

美国成功学家卡耐基劝诫所有的讲演者：不要抑制自己真诚的情感。要让听众看到，演讲人对谈论自己的题目多么热忱，多么富有情感。

每个人都有激情，只是在现实生活中，很少有机会能表现出来，加之一般人都不愿将自己的感情当众流露，因此，人们总是通过交流或者参与某种活动，在一个大家都非常投入、十分忘我的氛围中，以满足这种感情流露的需要。

其实，日常生活中每个人当众说话时，都会依自己倾注谈话的热心程度而表现出热情与兴趣。这时，我们的真情实感常会从内心里流露出来，这是一种自然的流露，也是一种易感染他人的流露。在说话和演讲上，如果我们能够调动自身的激情，以情感人，那么，听者注意力便在我们的掌控之下，我们就掌握了开启听众心灵之门的钥匙。

以情感人的说话是受人欢迎，赢得良好人际的重要所在，具有极其神效的功能。

1915 年，小洛克菲勒还是科罗拉多州一个不起眼的人物。当时，发生了美国工业史上最激烈的罢工，并且持续达两年之久。愤怒的矿工要求科罗拉多燃料钢铁公司提高薪水，小洛克菲勒正负责管理这家公司。由于群情激愤，公司的财产遭受破坏，军队前来镇压，因而造成流血，不少罢工工人被射杀。

那样的情况，可说是民怨沸腾。小洛克菲勒后来却赢得了罢工者的信服，他是怎么做到的呢？

小洛克菲勒花了好几个星期结交朋友，并向罢工者代表发表了一次充满真情的演说。那次的演说可称之不朽，它不但平息了众怒，还为他自己赢得了不少赞誉。演说的内容是这样的：

"这是我一生当中最值得纪念的日子，因为这是我第一次有幸能和这家大公司的员工代表见面，还有公司行政人员和管理人员。我可以告诉你们，我很高兴站在这里，有生之年都不会忘记这次聚会。假如这次聚会提早两个星期举行，那么对你们来说，我只是个陌生人，我也只认得少数几张面孔。由于上个星期以来，我有机会拜访整个附近南区矿场的营地，私下和大部分代表交谈过，我拜访过你们的家庭，与你们的家人见过面，因而现在我不算是陌生人，可以说是朋友了。基于这份互助的友谊，我很高兴有这个机会和大家讨论我们的共同利益。""由于这个会议是由资方和劳工代表所组成，承蒙你们的好意，我得以坐在这里。虽然我并非股东或劳工，但我深觉与你们关系密切。从某种意义上说，也代表了资方和劳工。"多么出色的一番以情感人的话语，这可能是化敌为友最佳的艺术表现形式之一。假如小洛克菲勒采用的是另一种方法，与矿工们争得面红耳赤，用不堪入耳的话骂他们，或用话暗示错在他们，用各种理由证明矿工的不是，你想结果如何？可能只会招惹更多怨愤和暴行。

　　缺乏激情，你所说的话就会苍白无力，枯燥无味。想打动人心，说服对方吗？那么，请先倾注你的情感。

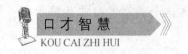

加热一下语言的温度◀◀◀

给语言加点温，让生活更惬意些；给自己一些温暖的语言，让生活更纯净些；给别人一些温暖的语言，让生活更和谐些！

某礼仪公司在训练迎宾小姐说"你好"。这些接受训练的小姐们刚从学校毕业，她们还不知道迎宾小姐的真正价值所在，还不知人性深处人与人之间，尤其是男人女人之间的微妙心理，她们在刚开始训练时，只是口中跟着说："你好！"

此时，她们说的"你好"是假惺惺的，是来自于嘴巴的机械运动，是十分做作的，也是相当生硬的。

只有当她们的迎宾与利益、人生经验挂上钩时，她们才会从内心深处发出一句"你好"的问候。此时的问候是亲切的，脸上的微笑是迷人的，礼仪的手势是温柔、诚恳的。

一句冷冰冰生硬的"你好"和一句热情洋溢的"你好"是有本质的区别的。每个人的心中都有一杆秤，尤其是迎宾小姐给顾客的第一感觉，几乎决定了你的宾馆、餐厅会在顾客心中留下的记忆痕迹是美好还是厌恶，这些记忆就决定着你代表的宾馆或餐厅是否有回头客。还真是细节决定成败，一句"你好"若只是口到了，则必定是不能挽留顾客的。

人生价值的大小肯定与你所说的每一句话有关，尤其是说话的态度、神情和质量，几乎能决定你的人生质量！

爱迪生有一个伟大的母亲，他的母亲就是会将老师的冷话——"你太笨了"升温成暖语的人。她时常对幼小的爱迪生说："孩子，你是最棒的。"

一句冷冰冰的话，有时可以扼杀一个希望；一句暖烘烘的话，有时可以成就一个天才。

冷话，就是指生硬的话，不带情感的话，甚至是冷酷无情的话。这样的话，是谁都不愿意听的。常言道："温言一句三春暖，恶语伤人六月寒。"

要知道，语言是有温度的，不同的语言给人的感觉迥然不同。文明礼貌的语言是温暖的，比如谢谢、对不起、没关系；尊重他人的语言是温暖的，比如您好、您先请、请坐；关心他人的语言是温暖的，比如注意身体健康、多保重！

　　伤害人、侮辱人的语言是冰冷的。生活中，或许你也受过冰冷语言的伤害吧？如果你是戴着眼镜的男孩，有人会喊你"四眼"；如果你是一个身材矮小的女孩，有人会叫你"豆包"。听到类似的话，相信你一定会很难过。"己所不欲，勿施于人"，既然你不愿意听这些话，那么请你一定不要对别人说这些冷冰冰的话了！

　　温暖的语言，恰似一阵春风，能吹走心中的阴霾；温暖的语言，犹如一杯热茶，能抚慰受伤的心灵。而冰冷的语言，却像一把尖刀，能损伤人的尊严；犹如一根木棒，能打击人的自信。

　　社会造就了人们的话语内容，时代造就了说话的态度和心情。这个世界上，每个人都缺少温暖，尤其是竞争日益激烈的今天，人情越来越淡的今天，谁又不缺少阳光和温暖呢？

　　正因为我们大多数人都缺少温暖，心都是凉凉的，所以大多数人一开口就是冷冰冰的话语，如见到路边的乞丐向你乞讨，可能会冷叱一声"滚开！"见到别人投资失败了，有人可能会幸灾乐祸地说："自讨的。"见到同事业绩大增，有人会愤愤不平道："这没什么了不起。"

　　然而，我们若将身份换过来，我们成了那个意外的失败者、伤心者，或是成功者，我们内心深处也会期待着身边的人能说上几句温暖的话、阳光的话、正面的话、鼓励的话，而不是冷冰冰的话。

　　人都是有弱点的人，谁都希望从他人口中得到欣赏和鼓励，谁都想从他人那里得到尊严和面子，谁都想从别人那里得到温暖与关爱。

　　不要看阳光如此灿烂，其实绝大多数人心中都缺少阳光的温暖，人们都在孤独地赶路，谁都很少听到同路人的温暖语句，哪怕是一句也行，也能伴随着他们度过心中的冬天，也能不断地温热他们的心田。

　　因此，每当我们要开始讲冷冰冰的话时，我们应该用心升一下温后再讲出来。冬天谁都不愿意吃没加热的冷面包，谁都愿意吃微波炉中加热了的面包，因为这种面包闻起来香喷喷的，吃起来很柔软，很容易消化，拿在手中也能暖到心里。

　　假如人人都能将冷话加热后说出来，假如人人都能献出一点爱，那么，这个世界就会有点人情味，不然，就是人间地狱，冷风飕飕。

　　20世纪30年代，在德国一个小村庄里，住着许多传教士。因为种种原因，小村庄里的村民们并不喜欢他们，其中一个叫米勒的青年还粗鲁地嘲弄他们，然

而，有个叫西蒙的传教士并不在意村民们的看法，始终对人彬彬有礼。每天清晨，他在村口遇见米勒时，总会热情地说："早安，米勒先生。"一开始，米勒并不理睬他，但日复一日，米勒终于被西蒙的热情和笑容感染了，也举了举帽子，笑着回答："早安，西蒙先生。"

后来，米勒被纳粹征去当兵了。几年后，法西斯的铁蹄踏上了这个小村庄，所有的传教士被驱赶到村前的广场上，排着长长的队伍等待发落，指挥官手中的棍子指向左边，这个人必死无疑，而指挥官手中的棍子指向右边，则这个人还有生还的可能。轮到西蒙了，他颤抖着走上前去。但当他看到指挥官时，下意识地说了一句："早安！"令西蒙吃惊的是，那个指挥官居然就是米勒。听到这句问候，米勒冷酷无情的眼睛突然闪动了一下。随后，米勒便平静地回答道："早安，西蒙先生。"接着，他举起了指挥棒对西蒙说了两个生死攸关的字："右边！"

一句温暖的问候语，唤醒了米勒的灵魂；一句朴实的礼貌话，挽救了传教士的性命。

今天，我们应该提高自身素质，与脏话、粗话说"再见"，用文明和尊重给语言加温，让温暖的语言围绕在我们身边。到那时，你会惊奇地发现，你送给别人的或许仅仅是几个"您好""谢谢""对不起"，但别人还给你的却是一脸的笑意，满身的温暖。尊重他人，文明用语，给语言加温，你就会发现你的生活充满了阳光，充满了文明。

充满真情的语言能感化人心◀◀◀

在与人相处时，真情，最能触动人心。

一般来说，在你和要说服的对象较量时，彼此都会产生一种防范心理，尤其是在危急关头。这时候，要想使说服成功，你就要注意消除对方的防范心理。如何消除防范心理呢？从某种意义上来说，防范是一种潜意识的自卫心理，也就是当人们把对方当作假想敌时产生的一种自我保护，消除防范心理的最有效方法就是以情动人，用充满真情的话语使彼此都感到是朋友而不是敌人。换句话来说，也就是从嘘寒问暖，给予关心，表示愿给予帮助等等。

西奥多是美国第 26 任总统，他的男仆詹姆斯·亚默斯在《西奥多·罗斯福，他仆人的英雄》一书中描述道："有一次，我太太问总统，鹌鹑鸟长得是什么样子。因为她从没有见过鹌鹑鸟，于是他详细地描述一番。过了一段时间，我们小屋的电话铃响了。我太太拿起电话，原来是总统本人。他打电话给她，是要告诉她，她窗口外面恰巧有一只鹌鹑鸟，又说倘若她往外看的话，可能看得到。他经常做出类似这样的小事。每次他经过我们的小屋，就算是他看不到我们，我们也会听到他轻声叫出：'呜，呜，呜，安妮！'或'咆，咆，詹姆斯！'这是他路过时一种友善的招呼。"

一天，卸任的罗斯福造访白宫，正碰上塔夫脱总统和他太太不在。他真诚喜欢卑微身份者的情形就完全显现出来了，因为他向所有白宫旧仆人打招呼，都叫出名字来，就连厨房的小妹也不例外。

"当他见到厨房的欧巴桑亚丽丝时，"亚奇特写道，"就问她是否还烘制玉米面包，亚丽丝回答他，她有时会为仆人烘制一些，但是楼上的人都不吃。"

"'他们的口味太差了'罗斯福有些生气地说，"等我见到总统的时候，我会这样告诉他。"

"亚丽丝端出一块玉米面包给他，他一面往办公室走去，一面吃，而且在经过园丁和工人的身旁时，还跟他们打招呼。"

"他对待任何一个人，就同他以前一样。他们依旧互相低语讨论这件事，而艾克胡福眼中含着泪说：'这是我们惟有过的快乐日子，我们中的每一个人，都

不愿意把这个日子跟一张百元大钞交换。"

其实，有许多领导者成功的因素之一就是在运用语言时善于以情感人，而不是以权压人。作报告或演讲时，语言朴实无华，亲切入耳，具有很强的感染力和凝聚力，能博得群众的喜爱；在交谈中或做思想政治工作时，与人为善，入情入理，运用亲切和蔼的语言感化人、催化人，具有说得"石人落泪"和化冰消雪的功夫。

杨澜曾是中央电视台的节目主持人。1991 年 9 月 19 日晚，杨澜在广州市天河体育中心演出。节目进行中，她在下台阶时一不小心摔了下来。这是众目睽睽下的一个非常意外，且让人感到很尴尬的事故。她该怎么办呢？全场都为她捏着把汗。但杨澜很沉着地爬了起来，从容不迫地对台下观众说："真是人有失足，马有失蹄呀。我刚才这个狮子滚绣球的节目滚得还不熟练吧，看来这次演出的台阶不那么好下哩！但台上的节目会很精彩的。不信，你们瞧他们！"说着杨澜将手指向了舞台上的演员们。一场让人感到十分难堪的事情就让杨澜充满真情的话语给"摆平"了。

在日常生活中，人总会碰到一些不如意的事情，一个人会说话，事情不但不会朝着糟糕的方向发展，还会出现料想不到的好结果。

学会讲点人情话◀◀◀

大人物也好，小人物也好，这种让人从心里感动的人情话都应该多说，这样会给自己的人际关系创造一个良好的氛围。

金哲大学毕业后在长春当公务员，妻子是长春人，结婚的时候他们曾到妻子的叔叔家做客，叔叔婶婶对这个一表人才的侄女婿很是欣赏。叔叔是一家国企的老总，两人坐到一起很能谈得来，一来二去，夫妻俩去岳父岳母家去得少，反倒去叔叔家去得勤。

可是最近金哲发现叔叔婶婶的态度有了很大变化，对他们越来越冷淡，有时候他们说要去看二老甚至遭到拒绝，二人百思不得其解。后来还是岳母替他们解开了这个谜，叔叔家经济条件较好，有别人送的好烟好酒以及单位里发的一些东西常让他们带回家。前段时间金哲曾提到想调到一个更有前途的部门，也是叔叔通过关系帮他办成了。但是，就妻子这一边来说，可能觉得是自己的叔叔这么亲的关系，就金哲这边来说，可能觉得这些对他们不过是举手之劳，因此，事前事后始终没说什么人情话。婶婶有意无意地跟岳母提起，叔叔为此很是生气，说他们是白眼狼，不值得别人帮忙。二人一听连忙去谢罪，才算挽回一点。

金哲夫妇不重视人情话，认为自己心里的感激人家一定知道，结果受到了叔叔婶婶的冷落，被视为"白眼狼"。不要以为人情话只是虚话、套话，它是一种必须和必要，如果你能以十二分的真诚去说，人情话里就会透出浓浓的人情味，让人感动不已，让人喜欢你。只要你真正关心他人，就会赢得他人的注意、帮助和合作，即使最忙碌的重要人物也不例外，也正是在这种条件下，你说话的分量才会越来越大。要做到这一点也许并不难，你只需真诚地说几句关心人的人情话就行了。

你知道谁最得人缘吗？也许你在外面行走的时候就会碰见它。当你走到距离它10公尺附近时，它就会向你摇头摆尾，如果当你停下来摸摸它的头，它就会高兴地向你表示亲热。而且它的这些表现绝对没有不良企图：既不会向你兜售房地产，也不想同你结婚。大家都应该知道这是谁了吧？一只可爱的狗。

不知你是否想过，狗是不用工作而能谋生的动物。牛得犁地、母鸡得下蛋，

但狗却什么也不用做，只是对你表示亲热。它从没读过心理学，凭着其天赋和本能，在很短的时间内，凭借着对人表示诚心诚意的亲热而赢得了许多朋友。

这是一个"洋老板"关心体贴中国雇员的故事：苏州一个叫何洋的人，应聘进了一家合资饭店。何洋的妻子分娩那天，他向洋老板请假半天，老板得知其请假的缘由后，再三表示，不必担心目前工作多人手少的问题，可以多放几天假，回家陪陪太太和儿子。一次，何洋的妻子和儿子均生病住院，过度的劳累致使何洋在一次工作时间内睡着了，洋老板为此十分生气，叫其卷铺盖回家。而当他得知何洋睡觉的原因后，则自责不已："我脾气不好，请您原谅我。"并"命令"何洋立刻放下所有的工作回家料理家务，照顾妻儿。三天后，何洋来饭店工作时，洋老板送给他一辆漂亮的童车；惟恐不接受，还撒谎说："这车是朋友送给我的，现转送给您，节假日里，希望您与妻子一道，用这辆车带孩子出去玩玩，并请接受我这个英国老头子对您全家的良好祝愿。"何洋闻之早已泪水盈眶。自此，他与洋老板的关系越处越好，工作中则更是"死心塌地"地干。

生活中，有的人说话过于随便，不分场合说个不停，可对于人情话却惜语如金。如果你能真诚地多说一些感谢话、问候话、关心话，以及其他一些好听的话，那么你的人缘一定会好得多。就拿朋友交往来说吧，在一起时间长了，彼此之间常会互相帮忙，完事之后，一句人情话适时递上："张哥，昨天那事你受累啦，咱哥俩儿这关系感谢的话我就不多说了。""大李，孩子这么大了，你还给他买玩具干吗？他喜欢得不得了，可以后你这当叔叔的也别太惯着他，哪天来我家尝尝你嫂子包的韭菜馅饺子。"这时候帮你忙的人感觉到自己的好意被你领受了，心里自然也受用。

其实，朋友也好、亲戚也好，帮个忙、送点礼是常有的事。人们做这些事的时候跟求人办事不同，并不是想从你这里得到些什么好处，甚至于因为关系铁还很意帮忙，他所要求的也并不是等额的回报。这时候，如果你总认为这是理所当然，没有一句表示的话，人家怎么知道自己的好意是不是已被你接受？要知道，再要好的关系，既然受了别人的施予，就要做出及时、明确的表示，当然，一句恰到好处的人情话也就足够了。

人情话并不是虚虚飘飘的闲扯，把人情话说到对方心坎上还要投其所好和真诚。一个人如果能把人情话说得既动听又合人心意，那么他就可以赢得人心，做足人情，有个好人缘。

有效激发他人同情心

人都是讲感情的，在感情上打动了别人，事情办成功就是顺理成章的了。

人都有恻隐之心，领导当然也有。求领导办事能否获得应允，有时恰恰是这种同情心起了作用。下属之所以找领导帮助，是因为在生活中出现了困难，比如经济困难、住房困难；子女就业困难等。找领导办事，说到底也就是想让他们帮助解决这些困难。要想把事情办成，最好的方法就是把这些苦衷原原本本、不卑不亢地向你的领导倾吐出来，让他对你的境遇产生同情心，从而帮助你把问题解决掉。

要引起领导同情，就需要把自己所面临的困难说得在情在理，令人同情不已。所以，越是给自己带来遗憾和痛苦的地方，则越应该大加渲染。这样，领导才愿意以拯救苦难的姿态向你伸出援助之手，让你终生对他感恩戴德。

要引起领导同情，还必须了解领导的个人喜好。他赞扬什么，批评什么，又愤慨什么，了解他的情感倾向和对事物善恶的评判标准。了解了这些，你就可以围绕着领导的喜好来唤起他的同情心。当引起对方感情的共鸣时，就一定会收到奇特的效果。

某市房地产开发公司新竣工了一幢职工宿舍，按照刘某的级别和工龄，他是分不到新房子的，但他确实有许多具体困难：自己和爱人、小孩挤在一间 10 平方米的房里，倒也还凑合，可他乡下的父母来了，就不方便了……

刘某耐心地听爱啰唆的主任数落完，才缓缓开口说道："常言说：养儿防老。我父母就我姐弟俩，姐姐出嫁了，条件也不好，况且。在我们乡下，有儿子的父母，没有理由要女儿、女婿养老送终，这是会被人耻笑的，响当当的单位，在你这位能干、有威信的领导手下工作。一辈子含辛茹苦后有享不尽的福。可是我现在，一家三口住一间平房，父母亲来了，连个睡觉的地方都没有。想把父母接到城里来，自己又没有条件；不接来，把两个年老体弱的老人丢弃在乡下，我心里时常像刀割般难受。我这心里，一想起我可怜的父母……"刘某说到这里，落下了伤心的泪水。

"小刘，可你的条件不够……"主任犹豫着说。

"我知道我条件不够，我也不好强求主任分给我房子。如果主任体恤我那年老多病的父母，分给我一间半间的，我父母来了，有个遮风的地方就行了。如果主任实在为难，我也不勉强，我明天就回乡下，把父母送到敬老院去。"

主任沉默不语。

刘某知道主任在动摇，于是又趁热打铁地说道："我把父母送敬老院，在乡人眼里，将落下不孝的罪名，只是，我担心有人会说您的闲话。说您不体恤下情，说您领导的早位。职工连丈母都养不活。您是市人大代表，那些闲话有损您的威信的……"

"小刘，你不要说了，我尽量给你想办法。"

几天后，刘某拿到了一套两居室的钥匙。

由此可见，求领导办事可以在"情"上激发他。从上级曾经切身感受过的事情入手，在人之常情上下工夫，把自己所面临的困难说得在情在理，令人痛惜惋惜。

上级的同情心有时是诱出来的，有时是激出来的。如果上级对某个下属有成见，认为他水平很差，那么这个下属若要博得上级的同情，可能就是一件相当困难的事情了。人只有在没有成见的时候，才能产生同情心。

善用合乎人情的技巧◀◀◀

缺乏激情，你所说的话就会苍白无力，枯燥无味。想打动人心，说服对方吗？那么，请先倾注你的情感。

人是有感情的动物，感情在认知活动中的作用有时是很大的，它可以敞开理性的大门，从积极方向来理解演讲内容，也可以关闭理性的大门，或者抗拒性地，消极地对待演讲内容。演讲过程中，听众的注意力、理解和记忆选择性，很大程度上是由感情因素决定的。林语堂曾说："对中国人来说，一个观点在逻辑上正确还远远不够，它同时必须合乎人情。"其实何止是中国人，只不过中国人更加重视罢了。

演讲者充沛的感情可以通过他的肢体动作、面部表情、语调高低、口气轻重、语速快慢表现出来，但最重要的还是要以语言为载体传达出来。一篇演讲，无论内容如何丰富，语言怎样准确、清楚、简洁、明了，如果缺乏情感，那还是很难打动听众。俗话说"晓之以理，动之以情"，成功的演讲不仅能把道理说得清楚明白，使听众不得不信服，而且还能以自己真挚的感情感染听众，引起听众的共鸣，使听众心悦诚服地接受演讲者的思想感情。

情感的表达既要靠语意，也要靠语音。因此，一些演讲名家，他们在遣词用语的时候，总是字斟句酌，选用那些适合表现思想内容，蕴含着炽烈情感的语言，并以这些带有强烈感情色彩的语言，来叩动听众的心扉，引起共鸣。

林肯总统是一位具有超人的演讲才能的政治家，他1863年11月29日的"葛底斯堡讲演词"直到今天不论任何大文豪，仍不能在这篇名文上增加一词，仍被人们当作模范讲演词。

这篇不足300字的讲演之所以被世人所称赞，成功之处不仅在于以简短为妙，更重要的是注入了林肯的情感。

让我们重温一下林肯的这篇演讲词吧。

"1789年前，我们的祖先在这大陆上创造了一个新的国家，她在自由之中成长，并为人人生而平等的主张而献身。

"如今我们已从事一场伟大的内战，考验这个国家，看为何如此成长和如此

献身的国家能否长存于世。

"我们在这战争的战场上聚会,奉献出战场的一部分土地,作为那些为国家生存而捐躯的人的最后安息之所,这全然是必须而正常的,也是我们应该做的。

"世人不太会注意也不会太长久记忆我们此刻所说的话,但永远不会忘记,他们在这里所做的一切。

"我们面对这些光荣为国家奋斗牺牲的人,我们更应该发挥我们的爱国热忱。换句话说,我们绝对不能让这些爱国者白白牺牲,我们要祈求我们的国家在上帝保护之下,能获得更新更大的自由。

"我们只要能树立起民有、民治、民享的理想政治,我们的国家就不会从地球上灭亡。"

整篇演讲只用了五分钟,却给听众留下了深刻的记忆。林肯简短的演讲词之所以激发人心、具有强烈的感染力,主要有三方面的原因。首先是林肯站在听众立场上说话,每段开头、中间、末尾都离不开"我们怎样",用他的切身体会来表明他对人民的关心、爱护;其次是语言的真诚朴实,乃是发自内心的肺腑之言,道理虽简单,听众却有如饮甘泉的畅快感觉;再次是林肯对民众的热爱促使他把听众当作上帝,通过语言的力量,团结人民,为美国的解放而斗争。

总之一句话,林肯把感情投到演讲的主题和内容上,并适当地通过有声语言把这种感情表现出来,产生了心理的"共振效应",达到了演讲预期的交流、鼓动和说服的目的。

英国前首相丘吉尔素以非凡的雄辩天资和演说能力闻名遐迩。在第二次世界大战期间,他以出色的军事才能领导了英国对法西斯德国的斗争,其间发表了许多演讲,对鼓舞英国军民和全世界人民奋勇抗战,具有重大意义。1941年6月,苏德战争爆发。尽管丘吉尔是一个一贯仇视苏联社会主义制度的资产阶级政治家,但在当时的情况下,他审时度势,认识到要消灭德国法西斯,就要团结一切反法西斯力量,支持一切受法西斯迫害的国家和人民,否则将重蹈绥靖政策的覆辙。用他自己的话说:"如果希特勒入侵地狱,我至少也要在下院发表一篇同情魔王的声明。"为了向全国表明他的态度,丘吉尔通过广播发表了著名的《关于希特勒入侵苏联的广播演说》。

"……希特勒是个十恶不赦、杀人如麻、欲壑难填的魔鬼,而纳粹制度除了贪得无厌和种族统治外,别无主旨和原则。它横暴凶悍,野蛮侵略,为人类一切形式的卑劣行为所不及。

"过去的一切，连同它的罪恶，它的愚蠢和悲剧，都一闪而逝了。我看见俄国士兵站在祖国的大门口，守卫着他们的祖先自远古以来劳动的土地。我看见他们守卫着自己的家园，他们的母亲和妻子在祈祷——啊，是的，有时人人都要祈祷，祝愿亲人平安，祝愿他们的赡养者、战斗者和保护者回归。

"我看见俄国数以万计的村庄正在耕种土地，正在艰难地获取生活资料，那儿依然有着人类的基本乐趣，少女在欢笑，儿童在玩耍，我看见纳粹的战争机器向他们碾压过去，穷凶极恶地展开了屠杀……我还看见大批愚笨迟钝，受过训练，唯命是从，凶残暴戾的德国士兵，像一大群爬行的蝗虫正在蹒跚行进。"

这里一美一丑的生动刻画，对照鲜明，字里行间充满着对法西斯令人发指罪行的控诉，对灾难深重的人民的同情，饱含演讲者激情的语言使一切正义、善良的人们对侵略者更加深恶痛绝，对受害的苏联人民及其国家更加同情并抛弃一切旧有的偏见。正所谓"感同身受"，丘吉尔自身鲜明的爱憎，通过他流畅的语言表达出来，产生了强大的感染力。

接着他以准确有力的语言，阐述了英国所要采取的政策和所要达到的目标。丘吉尔以战略家的眼光看到了这次大战的世界性："这不是阶级战争。这是一场整个大英帝国和英联邦，不分种族，不分信仰，不分党派，全部投入进去的战争。希特勒就要迫使西半球屈服于他的意志和他的制度了，而如果做不到这一点，他的一切征服都将落空。"丘吉尔通过演说，晓之以理，动之以情，对动员英国人及世界人民大力援助苏联，彻底打败德国法西斯具有重要意义。

他在演讲的最后说："因此，俄国的危难就是我们的危难，也是美国的危难，正如俄国人为保卫家乡而战的事业，是世界各地的自由人民和自由民族的事业一样。让我们吸取通过残酷的经验得来的教训吧。让我们加倍努力，只要一息尚存，力量还在，就齐心协力打击敌人吧！"

这诚恳真挚，感情热烈的号召极为鼓舞人心，我们今天似乎还依然感觉到余音不绝于耳。

表达感情要掌握分寸 ◀◀◀

表达感情也要注意掌握分寸，过度的感情泛滥也可能造成相反的效果。

人有时非常感性，容易冲动，感情是当众讲话中的必备，但一定要讲究"度"。如果不对感情加以自我控制，任凭情感泛滥，会让人厌恶，显得虚伪轻浮，正所谓"过犹不及"。心理学家卡洛·塔维斯说："不仅应该认识坦白之必要，而且要知道什么时候才应该坦白，坦白到什么程度。"不分对象、不顾场合的真情流露是要付出非常昂贵的代价的。

苏联已故领导人赫鲁晓夫曾在联合国大会上做过一次演说，感情充沛，内容丰富，本应收到很好的效果。可他在激动之中忘乎所以，竟脱下一只鞋拿在手里，在讲台上使劲代替手掌拍打，一时全场哗然。无独有偶，在第二次世界大战时，滑稽演员卓别林曾被邀去华盛顿作抗击法西斯公债募购演说，听众人山人海，卓别林也情绪激昂。由于他过于兴奋，竟从临时搭起的讲台上滑了下来。这还不说，他又一手抓住身边的一位女明星，两人一起栽倒在一位身材高大、年轻英俊的海军军官——后来成为美国第 32 届总统的罗斯福身上，观众为之哗然，庄严肃穆的募捐险些成为一场闹剧。

无论有声语，还是势态语，都讲求自然、简明、富于变化，与情感的表达相宜适度。"不及"与"过度"都是不足取的，甚至是失败的。如一位姑娘就诊，值班的高医生给她诊了脉，用听诊器在其下腹部听了几分钟，便面带笑容地当众高声宣布："是喜病，3 个多月了。"话音刚落，姑娘的母亲那蒲扇般的大巴掌已重重地落在高医生的左脸上。并骂道："杂种！你污辱我闺女！"扔下女儿冲出门去。姑娘也泪流满面地离开了门诊室。挨打的高医生不但没得到在场群众的同情，反而引起很多人的非议。高医生的话不可谓不真，其情不可谓不实，然而这种不看对象、不分场合的真情实感便不相宜，其代价是挨耳光，损形象。

|第8章|

以理服人：让人心悦诚服的口才智慧

古人云：言必契理。言论要让人心悦诚服，必须抓住一个"理"字，明之以实，晓之以理，才能让人接受你的意见和观点。要想使自己成为一个说服高手，必须在以理服人上痛下功夫，学会摆实事、讲道理的说话艺术，培养自己"一言定乾坤"的高超言语能力。

口才智慧

用事实来说话◀◀◀

有时候要说服他人，无需迂回曲折，绕山绕水地暗示一番，只需要用事实轻轻一点，就能够达到效果，也不失为一个好方法。

一个病人在和医生约定的时间准时到达，可等了15分钟后医生才到。他非常气恼，觉得医生这种不守信用的行为实在是无礼，他必须提出批评，否则心里感到不平衡：自己受到了轻视，自尊心受到了伤害。于是他通过以下的方式来表达自己的批评意见。

他进入医生办公室后，先用手指了指手表，然后冷笑了一声说："现在是2点15分。"医生似乎没明白他的意图，敷衍说："是吗？"医生的回答更激怒了这位病人，可他仍是说："现在是两点过一刻。"尽管他内心非常愤怒，可脸上仍保持平静。他在克制自己，试图用暗示让医生明白自己的意思。可医生仍装糊涂："两点过一刻又怎么样？"这下病人忍无可忍了，终于指出了医生的错误：不该迟到，浪费了自己的时间，不守信用。医生这才向他道歉。

这位病人开始想用迂回的暗示法将自己的批评信息传递给医生，让医生接受批评，并为自己的错误道歉，可医生并不愿意坦然接受。这位病人因此更加恼火，最后直截了当地将医生迟到，耽误了病人时间的事实说出来，医生才接受了批评。

现实生活中确实会常常遇到这种情况，有时需要直截了当地提出批评意见，"摆事实，讲道理"，令对方醒悟，否则你采用委婉的或迂回的办法，对方并不能领会你的批评意见，或者是故意回避、装糊涂，有时还会引起对方的误解，双方产生新的矛盾。

战国时期，"农家"学说的代表人物许行主张人人自食其力，一切东西都自己做，万不得已才进行交易，根本否定了社会分工。因此他和他的弟子数十人，都穿着粗布衣，靠打草鞋、织席子来维持生活。有一个叫陈相的人本来信奉儒家思想，但一见到许行，便改换门庭，信奉"农家"学派了。有一次，陈相遇到孟子便竭力宣扬农家思想，他说："我认为许行先生的观点很有道理，凡是贤明的君主都应该与百姓同耕作，自己亲自做饭吃，同时兼理朝政；如果不能自给自足，怎么能称得上是贤君呢？"孟子于是问道："那么许先生是否必定自己种粮食然后自己做饭吃呢？"陈相回答说："是的。"孟子又问："那么许先生一定是自己织布做衣服了？"陈相说："不是，许先生穿着用麻做的粗布衣服。"孟子又问："许先生戴的帽子是用他们织的布做的吗？"陈相回答："不是，是用粮食换来的。"孟子又问："许先生为什么不自己织布做帽子呢？"陈相说："怕对耕种有妨碍。"孟子又问："许行用锅做饭，用铁具耕地，这些都是他亲自做的吗？"陈相说："不是的，也是用粮食换来的。"孟子因此说："如果许先生用粮食去换锅、农具，这不能说对陶工和铁匠有所妨碍，那么陶工和铁匠用器具去换粮食，又怎么能说他们对农夫有所妨碍呢？况且许先生主张自给自足，那他又何不自己亲自做陶器和铁具，一切东西只是自己家里拿来用？又为何忙忙碌碌地拿粮食与别人交换呢？"

孟子用设问诱导的方法，一步步地摆事实讲道理，将许行的观点驳得体无完肤，却又合情合理，让陈相在不知不觉中就接受了孟子的批评意见，毫无孟子故意打击自己信奉的学派的感觉。

世界上的事情往往如此，捷径总是最短的路，最有效的办法常常是最简单、最基本的，而摆事实、讲道理就是其中的一个。

让对方思路回到正确的方向◀◀◀

在沟通交流时，要说服对方，也要坚持自己的原则，让对方理解你的行为，来达到说服的目的。要说服他人，首先要让他知道他的观点是错的，一定要使他的思路回到正确的方向，不然，他永远都是错的，你也不会说服他。

有一患者的姐姐来到办公室，想请求护士长特许妹妹使用自备的微波炉："护士长，我妹妹病的好可怜，她想吃点热饭热菜，我把微波炉带来了，请您准许我使用！"

护士长说："我也很同情你妹妹，但病房是不允许使用电器的！很容易发生事故。你看，我办公室用的微波炉也需用电许可证才能使用，这样吧，你妹妹的饭菜拿到我办公室来热，这样也可以吧？"

患者的姐姐："我已经把微波炉带来了，你就允许吧！"

护士长："不好意思，我真的不能违反原则！"

患者的姐姐："那就麻烦你了！"

护士长："没关系！应该的！"

护士长在说服患者家属时，通过与其交流，既说服对方遵守规章制度，把握了说服对的原则，又解决了患者的实际困难。

举个例子来说：有某个住户到管理处，要求在自己家里装防盗网，作为管理处负责人的你首先要礼貌地接待住户，其次要认真倾听他的意见、申请的内容，第三虽然他的做法是不对的，但在回复住户时，不要直截了当地说："不行，这是我们公司的规定"。以免引起住户的反感，应该平静、温和地说："先生/小姐，实在很抱歉，对于这个问题，我们以前已认真地讨论过，要亲切地告诉他目前政府已明确规定不允许在外墙面安装防盗网。其次让他从外观上考虑，如果每家每户都安装防盗网，会造成整个大厦外面不好看，我相信你也不想的。第三请你一定相信，我们会将这个大厦的治安做好，也请你放心。"这样不但从道理上让他理解，同时也给他一个信心上的保证，照这说大多数人都不会再坚持他的想法了。

从以上来看，在说服人时，除了技巧外，还需要以理服人。以事喻理。用事实说话，用事例佐证，避免说大话、空话。小中见大。就是说，在讲理要注意层次的高低和深浅，不可跨越别人的思想范畴，不着边际地大话连篇。从浅显的事情中，就能摸透道理。

讲道理时，要善于用商量的语气来引发听者思想，使别人感到你不是强迫他接受你的意见，只是在共同探讨、解决问题而已。

用道理说服人，不要反反复复。唠叨不停。否则，一定会让人听了厌烦，甚至听不进去，也不会达到说服的效果，点到即可。

从对方的利益出发 ◀◀◀

说服他人时，从对方的利益出发，也可达到说服的目的。

肿瘤患者放疗时，每周测一次血常规，有的患者拒绝检查，主要是因为他们没意识到这种监测的目的是保护自己。

一次，护士小王走进4床房间，说："王大嫂，该抽血了！"

患者拒绝说："不抽，我太瘦了，没有血，我不抽了！"

小王耐心地解释："抽血是因为要检查骨髓的造血功能是否正常，例如，白细胞、红细胞、血小板等等，血象太低了，就不能继续做放疗，人会很难受，治疗也会中断！对身体也不好。"

患者更好奇说："降低了，又会怎样？"

小王说："降低了医生就会用药物使它上升，仍然可以放疗！你看，别的病友都抽了！一点点血，对你不会有什么影响的。再说还可以补充过来呀。"

患者被说服了："好吧！"

说服他人时，要尊重对方的自尊心，不要随意批评。因为考虑问题的角度不同，人们会选择不同的行为来维护自己的权益。在说服过程中，一定要注意对方的自尊心，不要随意批评。如果小王这样对待病人："那你不能这样做！""你怎么能这样做呢？""你怎么又不抽血呢？就你主意多！"……这些批评人的话，容易引起患者反感，也不会配合她。反而达不到说服的目的。

说服人的关键在于理由◀◀◀

我们在说服别人的过程中最具说服力的方法，就是强调最大最关键的理由。

多年以前，拿破仑·希尔曾应邀向俄亥俄州立监狱的服刑人发表演说。他一站上讲台，立刻看到眼前的听众之中有一位是他在十年前就已认识的朋友——D先生，D先生此前是一位成功的商人。

拿破仑演讲完毕后，和D先生见了面，谈了谈，发现他因为伪造文书而被判20年徒刑。听完他的故事之后，拿破仑说："我要在60天之内，使你离开这里。"

D先生脸上露出苦笑，回答说："希尔，我很佩服你的精神，但对你的判断力却深感怀疑。你可知道，至少已有20位具有影响力的人士曾经运用他们所知的各种方法，想使我获得释放。但一直没有成功。这是办不到的事！"

大概就是因为他最后的那句话——"这是办不到的事"——向拿破仑提出了挑战，他决定向D先生证明，这是可以办得到的。

拿破仑回到纽约市，请求他的妻子收拾好行李，准备在哥伦布市——俄亥俄州立监狱所在地——停留一段不确定的时间。

拿破仑的脑海中有一项"明确的目标"，这项目标就是要把D先生弄出俄亥俄州立监狱。他从来不曾怀疑能否使D先生获释。他和妻子来到哥伦布市，买了一处高级住宅，像要永久性住下去一样。

第二天，拿破仑前去拜访俄亥俄州州长，向他表明了此行的目的。

拿破仑是这样说的：

"州长先生，我这次是来请求你下令把D先生从俄亥俄州立监狱中释放出来。我有充分的理由，请求你释放他。我希望你立刻给他自由，为此我准备留在这儿，等待他获得释放，不管要等待多久。在服刑的期间，D先生已经在俄亥俄州立监狱中推出一套函授课程，你当然也知道这件事：他已经影响了俄亥俄州立监狱中2518名囚犯中的1728人，他们都参加了这个函授课程。他已经设法请求获得足够的教科书及课程资料，而使得这些囚犯能够跟得上功课。难得的是，他这样做并未花费州政府的一分钱。监狱的典狱长及管理员告诉我说，他一直很小

心地遵守监狱的规定。当然了，一个能够影响1700多名囚犯努力学习的人，绝对不会是个坏家伙。我来此请求你释放D先生，因为我希望你能指派他担任一所监狱学校的校长，这将可使得美国其余监狱的16万名囚犯获得向善学习的良好机会。我准备担负起他出狱后的全部责任。这就是我的要求，但是，在您给我回答之前，我希望您知道，我并不是不明白，如果您将他释放，而且，您又决定竞选连任的话，这可能会使您失去很多选票。"

俄亥俄州州长维克·杜纳海先生紧握住拳头，宽广的下巴显示出坚定的毅力，他说："如果这就是你对D先生的请求，我将把他释放，即使这样做会使我损失5000张选票，也在所不惜……"

这项说服工作就此轻易完成了，而整个过程费时竟然不超过五分钟。

三天以后，州长签署了赦免状，D先生走出监狱的大铁门，他再度恢复了自由之身。

拿破仑之所以能够成功地说服州长，和他的周密考虑和精心安排是分不开的。拿破仑事前了解到，D先生在狱中的行为良好，对1728名囚犯提供了良好的服务。当他创办了世界上第一所监狱函授学校时，他同时也为自己打造了一把打开监狱大门的钥匙。既然如此，那么，其他请求保释D先生的那些大人物，为何无法成功地使D先生获得释放呢？他们之所以失败，主要是因为他们请求州长的理由不充足。他们请求州长赦免D先生时，所用的理由是，他的父母是著名的大人物，或者是说他是大学毕业生，而且也不是什么坏人。他们未能提供给俄亥俄州州长充分的动机，使他能够觉得自己有充分的理由去签署赦免状。

拿破仑在见州长之前，先把所有的事实研究了一遍，并在想象中把自己当作是州长本人思想一遍，而且弄清楚了，如果自己真的是州长，什么样的说辞才最能打动州长。拿破仑是以全美国各监狱内的16万名男女囚犯的名义，请求释放D先生的。因为这些囚犯可以享受到D先生所创办的函授学校的利益。他绝口不提他有声名显赫的父母，也不提自己以前和他的友谊，更不提他是值得我们帮助的人。所有这些事情都可被用来作为请求保释他的最佳理由，但和下面这个更大、更有意义的理由比较起来，就显得没有太大的意义。这个更大、更有意义的理由是，他的获释将对另外的16万名囚犯有很大的帮助，因为他获释之后，将使这些囚犯享受到他所创办的这个函授学校的好处。因此，拿破仑靠着这个最大最关键的理由获得了成功。

正确的说服策略◀◀◀

要顺利说服他人，首先要占住一个"理"字。

第一，想要让对方同意你的意见，第一步就是要设法先了解对方的想法与凭据来源。

曾经有一位很优秀的管理者这么说："假如客户很会说话，那么我已有希望成功地说服对方，因对方已讲了七成话，而我们只要说三成话就够了！"

事实上，很多人为了要说服对方，就精神十足地拼命说，说完了七成，只留下三成让客户"反驳"。这样如何能顺利圆满地说服对方？所以，应尽量将原来说话的立场改变成听话的角色，去了解对方的想法、意见，以及其想法的来源或凭据，这才是最重要的。

第二，先接受对方的想法。

例如，当你感觉到对方仍对他原来的想法保持不舍的态度，其原因是尚有可取之处；所以他反对你的新提议，此时最好的办法，就是先接受他的想法，甚至先站在对方的立场发言。"我也觉得过去的做法还是有可取之处，确实令人难以舍弃。"先接受对方的立场，说出对方想讲的话。为什么要这样做呢？因为当一个人的想法遭到别人一无是处的否决时，极可能为了维持尊严或咽不下这口气，反而变得更倔强地坚持己见，排斥反对者的新建议。若是说服别人其结果是这样，成功的希望就不大了。

曾经有一个实例，某家庭电器公司的推销员挨家挨户推销洗衣机，当他到一户人家里，看见这户人家的太太正在用洗衣机洗衣服，就忙说："哎呀！这台洗衣机太旧了，用旧洗衣机是很费时间的，太太，该换新的啦……"

结果，不等这位推销员说完，这位太太马上产生反感，驳斥道："你在说什么啊！这台洗衣机很耐用的，到现在都没有故障，新的也不见得好到哪儿去，我才不换新的呢！"

过了几天，又有一名推销员来拜访。他说："这是令人怀念的旧洗衣机，因为很耐用，所以对太太有很大的帮助。"

这位推销员先站在太太的立场上说出她心里想说的话，使得这位太太非常高

兴，于是她说："是啊！这倒是真的！我家这部洗衣机确实已经用了很久，是太旧了点，我倒想换台新的洗衣机！"

于是推销员马上拿出洗衣机的宣传小册子，提供给她做参考。这种推销说服技巧，确实大有帮助，因为这位太太已被动摇而产生购买新洗衣机的决心。至于推销员是否能说服成功，无疑是可以肯定的，只不过是时间长短的问题了。

善于观察与利用对方微妙心理，是帮助自己提出意见并说服别人的要素。

一般来说，被说服者之所以感到忧虑，主要是怕"同意"之后，会不会发生意想不到的后果。如果你能洞悉他们的心理症结，并加以防备，他们还有不答应的理由吗？

至于令对方感到不安或忧虑的一些问题，要事先想好解决之道，以及说明的方法，一旦对方提出问题时，可以马上说明。如果你的准备不够充分，讲话可能模棱两可，反而会令人感到不安。所以，你应事先预想一个引起对方可能考虑的问题，此外，还应准备充分的资料，给客户提供方便，这是相当重要的。

第三，让对方充分了解说服的内容。

有时，虽然有满腹的计划，但在向对方说明时，对方无法完全了解其内容，他可能马上加以否定。另外还有一种情形是，对方不知我们说什么，却已先采取拒绝的态度，摆出一副不会被说服的模样；或者眼光短浅，不听我们说者也大有人在。如果遇到以上几种情形，一定要耐心地一项项按顺序加以说明。务求对方了解我们的真心实意，这是说服此种人要先解决的问题。

如果不能完全了解我们说服的内容者，千万不可意气用事，必须把自己新建议中的重要性及其优点，一下打入他的心中，让他确实明白。举一个例子加以说明，假如你前往说服别人，第一次不被接受时，千万不可意气用事地说：

"讲也是白讲！"

"讲也讲不通！浪费唇舌。"

一次说不通就打退堂鼓，这样是永远没有办法使说服成功的。

晓之以理，动之以情◀◀◀

晓之以理，动之以情，衡之以利，是最常采用的说服方法。

晓之以理，就是讲道理。简单的事情，小道理，一两个典型事例，再加上简明、扼要的分析，道理就可以讲清楚。复杂的事情，大道理，涉及多方面的因素，触动一点就牵动全局，必须全方位、多层次、多角度地进行一系列的说服工作，从多方面展开心理攻势，并以严密的逻辑推理，如水到渠成地得出结论。这个结论不宜由自己单方面推断出来交给对方，最好以征询意见的口气引导对方同你一起来推理，共同探讨得出结论。让他把你的意见、主张，当作自己寻求的答案，自愿接受，自动就范。这样的说服更高明。因为对于经过自己头脑思考发现的真理，人们更坚信不疑。晓之以理，要满怀信心，争取主动，先取攻势。当对方已明确、坚决地表示"不行""不干""不同意"等等之后，再说服他，就要付出加倍的努力。当然，争取主动仍要运用委婉、商榷的语气，切忌盛气凌人、以势压人。如对方因此而产生逆反心理，再说服他，同样也要付出加倍的努力。

晓之以理，还要结合动之以情，通情才能达理。牧师布道宣传的是唯心主义的宗教，但因以情动人，往往能在催人泪下的同时，不露痕迹地对听众施加思想影响，使人不知不觉地接受其教义。这就是情感的力量。对于形象思维强于逻辑思维的青少年儿童，对于多数平日没有深刻的理论思维习惯的人，以事比事，将心比心，运用其自身或熟人的经验教训，再加上感情色彩浓厚的语言，去进行绘声绘色地诉说，易令人感到亲切可信，引发情感上的共鸣，从而为接受道理扫清了障碍，铺平了道路。

一家银行的信贷员在向一家习惯于拖欠贷款的企业催收外汇贷款时，巧妙地将一条"重要信息"带给企业：在国际外汇市场上，美元对日元的比价将可能下跌。而这家企业恰恰是通过收回日元贷款再折成美元偿还银行美元贷款的，拖欠贷款意味着企业要贷更多的钱。信贷员正是利用了企业想少花钱这一内在需求，巧妙地暗示，成功地说服对方，收回了贷款。要以理服人，还需要知己知彼，方能百战不殆。事先详细了解对方观点，他所知道的材料，他的论据细节，他可能做出的选择等情况，然后才开始说服行动。对方一旦认为你知道的情况比

他更全面，想得比他更周到，对你的建议就更容易接受、采纳。总之，循循善诱，动之以情、晓之以理，既是一种说服人的方法，更是贯穿整个说服过程的指导原则。

在整个人类社会生活当中，一个人的口才有时候起到举足轻重的作用。我们先从大处说，政治家、军事家、外交家没有口才，行吗？那是不行的。我们从古代说，烛之武说退秦师，在座的朋友们恐怕听说过。到了秦晋大军攻打郑国的时候，郑国的文臣武将一筹莫展，武将不敢出征，文将没有办法，最后郑王不得不让老将烛之武亲自出马，到秦国去一趟。烛之武受命危难之间，到了秦军，找到了秦军的统帅。他说起来，动之以情，晓之以理，情真意切，痛陈唇亡齿寒的利和弊，最后终于说服了秦国的统帅，秦国立即撤军不再打郑国了，而且留下两员大将，协助郑国来保卫。晋国一看无可奈何，也只好撤军。这是什么威力？语言的威力。因此，刘勰在《文心雕龙》里说道："一人之辩重于九鼎之宝，三寸之舌强于百万之师。"不是吗？我看，是的。一个烛之武就把秦军大兵说退了，胜利了，成功了。

大家知道，诸葛亮舌战群儒。请想一想，诸葛亮没有口才能行吗？正因为他有了口才技巧，出使东吴的时候，建立了联吴抗曹的统一战线，最后致使号称"八十万大军"的曹兵，几乎全部葬于滔滔的长江之中。这不是以理服人的威力吗？设想一下，假如刘备不让诸葛亮去，让张飞去，其后果又会是什么样呢？

说服对方，需要的是说话技巧，如果你能晓之以理，动之以情，则就能很好地说服对方了。

说服持不同意见者的策略◀◀◀

说服不是为了争出输赢，而是讲清道理。

在生活与工作中，人们不可能具有同样的想法。在推广新战略，引入新方法、新技术的工作空间中，种种不一致演变为激烈的辩论或冲突是在所难免的，我们不可能"天天碰到笑脸"，故而也不可能"天天都是好心情"。

我们在日常工作中，经常面对意见分歧，经常遇到与自己想法不同的人。怀有分歧、心存反对的人无非就是在方向选择和对利益的认识上有所不同。尽管分歧乃至对立会使人们的关系变得紧张，但黄金准则在这时能帮上忙。就是，你希望别人如何对待一个持不同意见的你，你就应该如何去对待那些持不同意见的别人。

就此而言，当你不同意他人的观点和看法时，或面对那些与你存在分歧甚至对立的人时，站起来与他针锋相对地争论一番并非上策。在日常生活中我们经常看到，即使是那些无关痛痒的事，如果较起真儿来，都会导致针锋相对的激烈场面。在争论中每一方都试图压倒对方，但这并不解决任何问题，相反却会伤了彼此的和气，严重的还会破坏彼此的关系。

当我们面对与自己意见相左的人时，一种自然的心理反应就是，试图通过争论赢得对方。之所以会有这种反应，是因为面对这种不同意见，自己感到受到了一种威胁与伤害，自尊乃至尊严也被冒犯。我们会变得激动、声高、言辞偏激、好斗、尖刻。如果将这种情绪化的反应扔给对方且对方也"吃素"，一报还一报，一场恶战势不可免。如果你不愿看到这种火药味十足的激烈场面，那么还是不要挑起异常争论为好。

与和自己意见不一致的人针锋相对地争论一番，使对方就范，接受自己的看法，这并非是一种明智的选择。美国纽约大学演讲系教授阿尔文·C·巴斯和理查德·C·博登用了7年时间，亲自聆听了上千次的各种人之间的实际争论，通过研究，他们得出了有趣的结论：那些职业政治家、联合国的代表很少能说服对方，他们取胜的机会远远没有商店店员、公司职员多。政治家们总是力图击败对方，而职员及商店的店员则力图说服对方或顾客转变自己的看法。这就是说，政

治家们更多的是进行一场零的结局的争吵，而职员们通常是进行一种双赢的说服。

说服不同于争执、争论、争吵之处，在于说服不是斗争性、对抗性的。在试图说服那些与自己意见不一致的人时，我们不是把他们当作对手或敌人，而是当作平等的伙伴，不是为了让他们言听计从，而是为了让他们接受那些对他们有益却因为种种原因还没能理解的东西。说服是一种和平的事业，即使争吵，取胜的一方也要和"失败"的一方和平相处。一旦考虑到这种"和平共处"的价值，在语言上战胜对方就绝非上策了。

不考虑对方利益且又盲目地投入争论的人，会被一种焦躁心理所控制，大有一种过了今天不管明天的偏激心态，但明天总会到来，但那时又该如何呢？

美国科学家、政治家本杰明·富兰克林在他还是涉世不深的青年时，有个关心他的人对他说："本杰明，你真是无可救药。对意见与你相左的人，你总是粗鲁地加以侮辱，致使他们也不得不尽力反击。你的朋友认为，若是你不在他们身旁，他们会更快乐自在。你懂得太多，所以他们觉得自己没有什么话可以对你说。"这一番话对富兰克林起了警醒的作用，他在自传中写道："从此之后，我立下规则，我不再直接反对并伤害别人，也不过于伸张自己的意见。假如有人提出某种主张，而我认为是错的，我不再粗鲁地与他们争辩。相反地，我先找出一些特定的事例，证明对方可能也是对的，只是在目前状况下，这些看法'似乎'有些不妥。"结果，富兰克林发现情况有奇迹般的转变："经过这样的改变后，我发现受益颇多。和别人交谈，气氛显得愉快了，由于采取一种谦和的态度，别人在接受我的意见时也不会发生争论；如果我是错的，则不会有人攻击我而使我受辱；而在'我对，别人错'的状况下，则更容易说服对方转而同意我的看法。"富兰克林由此走上了一条成功之路，使他的智慧为越来越多的人所承认。他的思想也影响了他生前及逝后的几代美国人，他也成为一代历史伟人。

说服或真正的说服力就是形成被说服者的内在服从效应，它与借助权力的威胁不同之处在于，说服者认为他与被说服者是平等的，被说服者具有某种观点、看法、态度及采取某种行为方式的自由。与交换、魅力所形成的确认式服从不同，在形成内在式服从的过程中，说服者也许根本就没有什么魅力或利益上的吸引力，被说服者之所以服从并不是因为说服者的缘故，说服者提供的信息才真正具有价值，起到修正或者改变被说服者的感知方式、理解及解释方式的作用，从而使内在化服从者最终对身边的事物采取了一种新的反应及行为方式。

反驳诡辩的说话策略◀◀◀

所谓诡辩就是在道理上偷设漏洞的似是而非之言，反驳它的最好方法当然就是在道理上击破它的漏洞，以理服人。

在现实生活中，有的人为了维护自己的观点或看法，往往会构设诡辩来向对方发难，陷对方于被动尴尬的境地。诡辩在辩论中固然厉害，但诡辩自身存在着语言模糊、内容矛盾、逻辑错误等方面的局限性，因此反驳诡辩可从以下三个方面打开突破口。

一、逻辑方面

诡辩的逻辑如果是错误的，不妨顺着这个错误的逻辑，将错就错，就地取材，重新构设一个诡辩进行反驳。

某校禁止学生在教室里穿拖鞋。一天下午，某班的"捣蛋鬼"男生梁勇又穿着一双拖鞋啪嗒啪嗒地进了教室，班主任王老师发现后让他从座位上站起来。

"我三令五申禁止穿拖鞋，你为什么还穿？"王老师问。"对不起．我没穿拖鞋。"男生大声回答。

"什么，你脚上穿的不是拖鞋？"王老师提高了噪音。

"不是，是凉鞋。"男生语气坚定，还有意低下头望着自己脚上的鞋子。

全班同学的目光都移到了那位男生的鞋子上。这双鞋子原来是一双普通塑料凉鞋，不过现在鞋后跟全被剪掉了，看上去与拖鞋没有两样。

"鞋后跟全剪掉了，怎么是凉鞋？"王老师恼火地问。

"当然是凉鞋！这就像一个人的腿断了，他还是人，而不是狗！"梁勇昂起了头，大声反驳。

班上绝大多数同学都为王老师捏了一把汗，担心他下不了台。王老师先是一愣，但很快镇定下来。他盯着梁勇，不紧不慢地说："你的话好像很中听，不过，你的辩解是错误的。凉鞋之所以是凉鞋而不是拖鞋，最重要的在于凉鞋有鞋后跟，这就像一个人；如果他连最重要的头部都没有，那他就不再是人了。"男生顿时像泄了气的皮球，低下了头。

在这里，男生的诡辩在逻辑上明显是错误的，因为人断了腿固然是人，但无

165

法据此推出凉鞋断了鞋后跟还是凉鞋。王老师思维敏捷地洞察到这个错误的逻辑，立即把思路从人的腿部移到人的头部，构设了一个同样逻辑形式的诡辩：既然人的头断了就再不是人，那凉鞋断了鞋后跟也就不再是凉鞋了。由于王老师这个诡辩后发制人，以谬制谬，所以这名男生不得不低头认错。

二、语言方面

诡辩的语言如果含糊不清、模棱两可时，可通过对其语言进行判断、分析，解释批驳他的荒谬观点和不实之词，阐明自己的立场和观点。请看老张和老刘的辩论。

老张问："在金钱和道德之间，你选哪一个？"

老刘不假思索地回答："当然选道德。难道你选金钱？"

老张诡秘地说："我是选择金钱，因为我缺少金钱。你选择道德，那是因为你缺少道德。"

老刘听了老张的不友好言语，立即反驳说："你的话只讲对了一半。十分的道德，我已有九分，还缺少一分，所以我选道德；万贯的家财，你已有九千贯，但你还缺少一千贯，所以你选金钱。因此，准确地说，我选道德是我崇尚道德，你选金钱是你贪图金钱。"

从上例不难看出：老刘重义，老张重利。然而，老张为了给老刘脸上抹黑，构设了一个以模糊语言为核心的诡辩以嘲讽老刘。这个诡辩的关键词语"缺少"在特定语境中是很模糊的，即包含了"缺得很多、缺得不多、缺一点点"等方面的意思。老刘的反驳针对"缺少"这一模糊的词语，用形象的语言清晰地把它量化出来，否定了自己"缺德"、老张"缺钱"的荒谬论断，最后用"崇尚"来褒扬自己对道德的追求，用"贪图"来贬斥对方对金钱的贪得无厌。

三、内容方面

诡辩的内容如果是矛盾的，可先指明矛盾所在，然后再点出问题的实质。

某乡有几个地痞，经常偷鸡摸狗，欺压乡邻，但派出所对这些人一直采取纵容态度，致使他们的气焰日益嚣张。乡党委书记找来派出所所长，两人有如下一段对话：

书记："那几个地痞胡作非为，你这个所长知道不知道？"

所长："知道。"

书记："既然知道，那为什么至今未对他们采取行动？"

所长："采取行动只是个时间问题，这就像喂猪一样．如果还没等到猪肥就杀了，那怪可惜的，不合算。这些地痞就像猪一样，现在还是'瘦瘦的'没喂'肥'，处罚起来没分量。这是个策略问题，群众不理解，我们可以理解。"

书记："你的'肥猪论'太玄虚了，群众怎么会理解？猪是人们心甘情愿喂养的，而这些地痞，群众会甘愿喂养吗？还是听听我的'肥鼠论'吧。有个人养了一只猫，指望它捉老鼠，可这只猫却放任老鼠在家里吃谷子，结果主人家老鼠成灾。主人找猫来问罪，可猫却振振有词地对主人辩解：'家里老鼠太瘦了，等到喂肥了再抓不迟。'你猜主人对猫会有什么看法？"

所长："这……书记的'肥鼠论'更有哲理，我是一时糊涂，我马上就把那几只'老鼠'抓起来。"

在这个事例中，所长企图用"肥猪论"为自己工作失职辩解，但书记一语道破了"肥猪论"在内容上的荒谬，即猪是人们自愿喂养的，而地痞则相反，二者不能相提并论。揭露批驳所长的"肥猪论"还不够，书记又引出"肥鼠论"，形象生动地说明了地痞横行不法，派出所放任不管，群众遭殃的事实，含蓄地指责了所长主观的荒唐，工作的失职。所长再不表态自己失误，其利害关系就不言而喻了。

只要能在这三个方面中的任何一个上找到突破口，就可以轻松反驳论敌的诡辩。

|第 9 章|

主动赞美：让别人听了你的话如沐春风的口才智慧

希望被人赞美是人的天性。人们大都希望别人欣赏、赞美自己，希望自身的价值得到社会的肯定，因此，当我们与他人打交道的时候适当地赞美对方，使对方感受到尊重和自信，让他人如沐春风，就可以增进沟通双方的感情，在不知不觉中获得别人的好感，赢得别人的认同和支持。

口才智慧

主动说别人一声"好"

美国的管理学家玛丽·凯说："赞美是一种有效而且不可思议的力量。"赞美能给人前进的动力，是承认别人价值的表现。

在人际交往中，那个能恰当给别人赞美的人一定会给别人留下深刻的印象，并会从中获益良多。

汤姆是一位律师，有一天和太太去异地拜访几个亲友。太太留他陪一位老姑妈聊天，自己到别处去见几个年轻亲戚。由于汤姆对这位几乎从未见过面的亲戚不了解，所以就想找一些能够拉近他们之间距离的话题。他看到了老姑妈的这所房子。

"这栋房子有 100 年的历史了吧？"他问道。"是的。"老姑妈问答，"1940 年造的，正好 100 年了。"

汤姆说道："这使我想起我们以前的老房子，我在那里出生的。这房子很漂亮，盖得很好，有很多房间。现在已经很少有这种房子了。"

"我非常同意你的观点。"老姑妈表示同意。

"现在的人已经不在乎房子漂亮不漂亮了。他们只要有个地方住就够了，然后开着车子到处跑。"汤姆说道。

"这是一栋像梦一般的房子。"老姑妈的声音有点颤抖了，"这是一栋用爱造成的房子。我的丈夫和我梦想了好几年，它完全是我们自己设计的。"

她带着汤姆到处参观，汤姆也热诚地发出赞美。看完了房子以后，老姑妈带着汤姆到车库去，那里停着一辆派克车——几乎没有使用过。

"这是我丈夫在去世前买给我的。"她轻声说道，"自从他死后，我就没有动过它，你是一个真正懂得欣赏好东西的人，我就把它送给你吧！"

"啊，姑妈。"汤姆叫道，"我知道你很慷慨，但是，我却不能接受。我已经有了一部新车，而且我们之间并不算很亲密，实在是不能要。我相信你有许多亲戚很喜欢这部车。"

"亲戚！"她叫起来，"不错，我是有很多亲戚。但是，他们只是在等我死掉好得到这部车子。他们得不到的！"

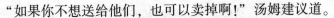

"如果你不想送给他们，也可以卖掉啊！"汤姆建议道。

"什么！"她大叫，"你以为我可以忍受让陌生人开着它到处跑吗？——这是我丈夫买给我的车子！我做梦都不会把它给卖掉的。我想把它送给你，是因为你懂得鉴赏好东西。"

汤姆极力想辞谢这份好意，却又怕伤了这位老姑妈的心。最后汤姆因为赞美拥有了这辆很多人都梦寐以求的车。

希望被人赞美是人的天性，人的耳根都是软的，威廉·詹姆士说："人类本质里最殷切的需求是：渴望被肯定。"林肯则说："人人都喜欢受人称赞。"在现实生活中，除了极少数人以外，人们大都希望别人欣赏、赞美自己，希望自身的价值得到社会的肯定。

致力于社会竞争的人们，若能满足人们的赞赏要求则可以获益无穷。如果你想使你的人际关系更加和谐，那就不妨从今天开始试着去赞美别人吧。

成功离不开赞美他人◀◀◀

　　根据美国《幸福》杂志下属的名人研究会的研究结果表明：人际关系的顺畅是事业成功最关键的因素，而赞美别人是处世交际最关键的课程。因此如果你懂得如何去赞美别人，再加上你聪明的脑袋，还有脚踏实地的精神，就等于事业成功了一半。从很大意义上讲，学会赞美他人是事业成功的阶梯。

　　真诚地、发自内心的赞美可以搞好你的人际关系，使你在事业的道路上畅通无阻。赞美从一定意义上讲，是一种有效的感情投资，当然，有付出就会有回报。对于领导的赞美，能使领导心情愉悦，对你越发重视；对于同事的赞美，能够联络感情，增强团队精神，在合作中更加愉快；对于下属的赞美，能使你赢得下属的敬重，激发下属的工作热情和创造精神，从而更好地协助自己在事业上的发展；对自己生意伙伴的赞美则会赢得更多的合作机会，从而获取更多的利润。如果你是一个商人，学会赞美你的顾客，则会拥有更多的顾客回头率。一位精明的售衣商往往会说："太太真是好眼光，这是我们这里最新潮的款式，穿在太太身上，太太一定会更加漂亮。"几句话，这位太太肯定眉开眼笑，马上开包拿钱。美国的商界奇才鲍罗齐就曾说过："赞美你的顾客比赞美你的商品更重要，因为让你的顾客高兴你就成功了一半。"

　　赞美对于你的家人、朋友同样重要，俗话说："家和万事兴。"家庭和睦，则万事兴旺。作为父母，适当地赞美自己的孩子，可以使孩子更具有自尊心和自信心，可以沟通家长与孩子的感情。另外，朋友之间适当的赞美也是必不可少的，朋友对于我们每一个人都是非常重要的，有人说："没有朋友的生活等于死亡。"而朋友之间相互赞美是朋友产生的前提之一，因为既然成为朋友，就一定有双方相互欣赏的一面。

　　学会真诚的赞美才能符合时代的要求，同时它也是衡量现代人素质的一个标准，也是衡量一个人交际水平的标准。学会真诚地赞美是性情休养的需要，有助于使自己达到更高的人生境界。同时，赞美别人既是压力又是动力，因为压力而产生动力。因为你赞美别人就意味着你肯定了他人的优点与成绩，相对应的是，你逐渐意识到自己的缺点与不足，人只有不断地发现自己的缺点与不足，才能更好地完善自己，取得更大地进步。如某一个班上有两个同学同名同姓，其中一个成绩特别好，而另一个同学则成绩平平。一天，成绩一般的那个同学对成绩好的那个同学说："我俩姓名一个样儿，而你的成绩却每次都高我一大截，我真是打心眼儿里佩服你。"不过，后来这个成绩一般的同学变压力为动力，最终也考上了一所重点大学。

学会赞美别人，可以给你带来远见卓识，可以让你拥有宽广的胸怀，这些是一个人走向成功必备的性格和修养。学会赞美别人，可以使你获得真挚的友情，可以有很好的人际关系。俗话说："朋友多了路好走""此路不通还可以走彼路。"赞美别人还可以使自己产生压力感和紧迫感，从而成为进步的动力。如果你学会了赞美别人，你就拥有了开启成功之门的钥匙。美国第 40 任总统里根，出生于美国的平民家庭，先后从事过多项职业，20 世纪 60 年代中期开始弃商从政，1980 年当选为美国总统，被认为是美国历史上最杰出的总统之一。里根在78 岁生日时对记者说："在我 14 岁的时候，我的母亲对我说，千万别忘了发现别人的长处，多说别人的好话。从此以后，我牢记这句话，甚至在梦里也不忘赞美别人。可以说是我的母亲塑造了我的一生。"里根总统的话再次证明了一点：学会赞美他人是你成功的阶梯。

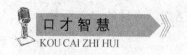

赞美要做到因人而异◀◀◀

赞美不是一股脑儿的说好听话，必须要因人而异才能起到应有的效果。

赞美的话要因人而异，必须考虑几点因素：

听者的文化知识水平。文化知识水平不同，对说话的接受能力是不同的。比如要表述对社会嫉贤妒能现象的认识，听者为知识分子，可说"木秀于林，风必摧之；堆高于岸，流必湍之；行高于众，人必非之。"但这话就不能再照搬讲给文化水平不高的听众，而可以说"枪打出头鸟""出头的椽子先烂"这样的俗语，对方会更容易接受，讲话才会有效果，激励人同样如此。

听者的个性性格。对方性格外向，透明度高，可以多赞美他，他会很自然接受；如果对方比较内向、敏感、较严肃，你过多地赞美他，会使其认为你很轻浮、浅薄。因此，在赞扬对方时要注意这一点。

听者的心理特点和情感需求。交谈双方各有欲望，要迎合对方的需求讲赞美的话。一个不喜欢淑女型、个性鲜明、男孩子气十足的女子，你夸她如果长发披肩、长裙摇曳，定会婀娜多姿，美丽迷人，她也许不会感激你，还有可能骂你多管闲事。如果了解她的心理，夸她短发看起来又精神又有活力，她一定会开心。

19世纪的维也纳，上层妇女喜欢戴一种筒高檐宽的帽子。她们进剧院看戏，仍然戴着帽子，挡住了后排人的视线，对剧院要求女客脱帽的规定她们不予理睬。剧院经理一日灵机一动，在台上说："女士们请注意，本剧院要求观众一般都要脱帽看戏，但是，年老一些的女士——请听清楚——年老一些的女士，可以不必脱帽。"此话一出，全场的女性全部自觉把帽子脱了下来：谁愿意承认自己年纪老呀！

这位聪明的经理正是利用了妇女们爱美爱年轻的心理特点和感情需求，使原先头痛的问题迎刃而解。

听者的性别特征。与不同性别的人讲话，应选择不同的方式。对体胖的女子，你说她又矮又胖，一定会令她反感；但你夸她一点不胖，只是丰满，她会得到几分心理安慰，不会因为自己胖而自卑。而对同样体型的男子，你说他矮胖子，他也许只是置之一笑。

听者的年龄特征。你若想打听对方的年龄，不同年龄要采取不同问法。对小孩子可以直接问："今年几岁了?"对老年人则要说："今年高寿?"对年龄相近的异性不可直接问，要试探着说："你好像没我大?"对年纪稍大的女性，年龄更是个"雷区"，问得不好讨人厌。一个 40 岁的中年女子，你开口道"快 50 了吧"，对方一定气愤不已，你小心地问"30 出头了吧"，她一定会心花怒放，笑逐颜开。

听者的心境特征。俗话说：入门休问枯荣事，观看容颜便得知。在赞美别人时，要学会察言观色。一个为事业废寝忘食的年轻人，便可以称他"以事业为重，有上进心"；一个为了债务焦头烂额，心绪不宁的企业家，你夸他"事业有成，春风得意"，对方也许会认为你是在讲"风凉话"，这种话便会起到适得其反的效果。

除了以上因素，还要考虑不同职业、不同宗教信仰等因素。列宁说："对马车夫讲话应该不同于水手，对水手应该不同于对排字工讲话。"陈毅某次出访东南亚，一宗教界人士送他一尊菩萨，他见机谢道："有了菩萨保佑，我更不怕帝国主义了。"这里陈毅借用宗教术语，显示了对宗教的尊重，对宗教界人士的谢意，有深意而不乏风趣幽默。

赞美离不开明察秋毫◀◀◀

其实，赞美一些不起眼的小事反而比吹捧对方人所共知的成就更能引起他人的好感和注意。

大多数人不愿从小事上去赞美别人，这是因为现实生活中的重重障碍，遮住了他们的视线。

其一，分工不同，责任不同，使人们认为别人做事是分内之事，是"应该"的，无需大惊小怪，做不好就要批评，做好了是责任，在这种心理的驱动下，很多人不能正视别人的小成绩。

其二，有人胸怀治国平天下的大志，但眼高手低。对于"小打小闹"不以为然，认为那些事普普通通，没什么了不起，小菜一碟，形同虚无。

其三，"熟人效应"。周围的人对大家来说，太熟悉了。要么，就是区区小事，不足挂齿，不用说什么；要么，就是熟视无睹。每天我们走在干干净净的马路上去上班，都觉得无所谓，脏了该骂清洁工。父母为你呕心沥血，碾平了生活道路上的坎坷，我们却只知衣来伸手饭来张口，他们在你眼里是"隐形人"。同事、亲戚、朋友时时都在关照你，你却受之泰然。

以上这些态度都是应当克服的。

就小事而论，它的确没有非常重要的意义，但用辩证法的观点去考察，却会发现一件小事往往会引发大事，几件小事加在一起就有可能产生意料之外的形态和意义。

一位巡警巡逻时发现仓库门口的灭火器坏了，及时报告给总经理。总经理安排相关负责人买了新的重新布置好。一晃半年过去了，谁也没有把这件事放在心上。有一天，库房因电线短路突然起火，被及时扑灭，忙乱中，总经理首先想到的是那位细心的巡警。如果不是他发现灭火器坏了，及时更换，那么库房恐怕完了，公司也保不住了。于是，总经理及时表扬了这位巡警，并代表公司向他致谢，号召全体员工向他学习。事过半年了总经理在日理万机中竟然还记得巡警的报告。如果把事情割裂开想，一个小小的巡警恐怕早已被遗忘在某个角落里了，谁也不会发现报告的重大意义。千里之堤，溃于蚁穴，一滴水珠可以拯救沙漠中

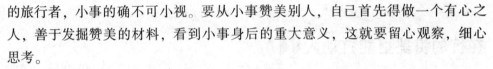

的旅行者，小事的确不可小视。要从小事赞美别人，自己首先得做一个有心之人，善于发掘赞美的材料，看到小事身后的重大意义，这就要留心观察，细心思考。

小事犹如一块块未经雕琢的璞玉，如果你没有一双识别它们的慧眼，细心鉴别，它就永远埋在山野石林之中，人们很难发现真价值所在。

你了解你周围每一个人的长处短处吗？你每天有没有看到周围细微的变化？你是否看到别人哪怕是一丁点儿的优点？……

无数的小事和有数的大事组成了我们繁杂的生活。如果我们只是睁大眼睛注视后者的"重大意义""历史性的价值"……那么你就会觉得生活很大程度上是虚空的，是乌托邦，我们的社会就像艾略特笔下的荒原。

相反，如果人人都去关注自己的周围，去发掘一滴水中的世界，那么在彼此的赞美中，人们获得的，是世间荡漾着的温情。

无论你是何许人，你的那些闪光之处（哪怕微乎其微）就会在明察秋毫的赞美的滋润下，使你获得生存的真正感觉。

在行的赞美更能打动人◀◀◀

一句内行的赞美比外行隔靴搔痒的奉承话更能打动人心。

赞美作为一门学问，其奥妙无穷，"懂行"是一个非常重要的法则。"懂行"的实质就是能紧握所赞美事物的实质，不说外行话，让别人听起来老练、成熟，从而对你的赞美心悦诚服。

一次，赵培鑫把唐在忻介绍给程砚秋大师时，夸奖他道："这是唐在忻，圣约翰大学的高才生，在忻对老生、青衣、花旦都拉得很好，近来潜心专研你的程腔，依我所听，简直跟周昌华拉得一模一样。"

当时，唐在忻正师从周昌华学胡琴，为京戏吊嗓子，还是一位名不见经传的年轻人，程砚秋是京剧大师，梨园名家，如果赵培鑫没有相当的介绍水平，这位年轻人恐怕不会引起程砚秋的注意。赵培鑫介绍得非常在行，他的术语，如"老生、青衣、花旦"用得恰当而娴熟，显示了自己对京戏有一定的研究，对京剧人才有一定的鉴赏能力，具有"伯乐"的眼光，一般情况下不会看错。特别是他说在忻正在潜心专研程砚秋创立的程腔，更令大师高兴。

其次，对某一行要有一定的造诣，你的称赞之辞才会使内行人接受，并视你为知己好友。还是以唐在忻为例，唐在忻同程砚秋的谈话，显示了这位年轻人对京剧的了解和认识。

程："你跟昌华学胡琴?"

唐："嗯，跟周先生学三年了。"

程："学戏吗?"

唐："也学。"

程："好（含笑点了一下头），刚才，培鑫说你原来拉余派老生?"

唐："是的，他的演出是我拉的，但我喜欢拉青衣，更喜欢你的戏!"

唐："你的唱腔深沉、细腻、节奏感强、新颖动听、富于变幻，特别是愁戏，感情丰富，包含有丰富的内容……"

程砚秋凝神听着，目光渐渐变得柔和而深邃了。最后他很高兴地说："好!我们京剧必须提高，就是需要文化水平高的大学生参加进来搞。我欢迎你啊!"

后来二人成为挚友。

　　唐在忻对程砚秋的赞美，处处流露出在京剧方面的造诣，如果他不深谙此中道理，不能对程派唱腔做出如此内行而别致的评价，程砚秋大师怎么会轻易欢迎他？

　　作为戏曲名家，程砚秋左右不乏崇拜者，赞美之辞也不绝于耳，然而唐在忻在行而颇有见地的精辟分析，爽朗而文雅的言论，深深地打动了程砚秋。

　　这个故事告诉我们，赞美别人要站在一定的高度上，只有站得高才能充分发掘出别人的优点和成就的意义，要注意考察别人的成绩或长处的影响范围，使你的赞美更加具体，贴切，从而达到出奇制胜的效果。这当然需要在行，需要广博的知识和较高的素养。

一点新意让赞美更出色◀◀◀

赞美使人欣喜，如果赞美的话语加上一点新意就更是锦上添花了。

前面已经说了许多关于赞美的话，如果再加上一些有"新意"的话，赞美之术就更趋于完美，效果更佳了。

这里说的"新意"主要是幽默的方式。

日本学者板川山辉夫在其《说话的艺术》一书中写道："如果问高明的说话方式是怎样的，从某种意义上可以说是幽默的说话方法。"我们也可以这样说：如果问高明的赞美方式是怎样的，从某种意义上来说就是幽默的赞美。幽默在赞美艺术中占举足轻重的地位。

汤姆受聘于一家公司的销售部经理，他采用新的营销战术，于是在他加入公司两个月后，公司的销售量大增，仓库积压一售而空。老板非常高兴，拍拍汤姆的肩膀说："你干得非常出色！继续努力。"

"好，"汤姆说，"但你为什么不把你表扬的话放在我装薪水的口袋里呢？"

"一定会的，年轻人。"老板非常遵守诺言。

当下个月汤姆领到薪水袋时，发现里面附着一张小纸条。上面写着："你干得非常出色！继续努力，表现更好。"

这个小故事生动地说明了幽默在赞美的话语中是多么重要，它使你的赞美轻松舒畅，妙趣横生，在宽松、自然的气氛中获得对方的认可和支持，使他人与自己心照不宣，拉近心灵之间的距离。同时在生活中注入了新的趣味。现代高频率快节奏的生活方式更需要这种幽默式的赞美，来缓减大脑的疲劳。如果我们多一点笑声，多一点幽默，就可以消除烦躁的心情，保持情绪的稳定。

这可能就是赞美的种种动机在幽默的调和下体现出的娱乐性吧！

赞美的新意另外还应该根据不同的场合，双方的性格因素、文化背景、习俗等诸多因素来决定"新"的方式。

人品是一个重要的基本素质，中国人自古以来就是一个重伦理、重道德的民族。所以人品成为中国人心目中一个非常崇高的东西。无论知识分子，从政从商者都视名誉为生命的重要部分。这就是一个赞美中国人的好题材。孔子对颜回说："贤哉，回也！"毛泽东赋诗激励彭德怀："山高路远坑深，大军纵马驰奔，谁敢横刀立马？唯我彭大将军。"这些赞美之词都以人品为基点，利用专业化的语言来完成，从中翻出新意来。

地域文化背景、习俗等在赞美他人时也很重要。在西方，上司对下属的赞美一般情况下可以是"谢谢""你干得很出色"等寥寥数语，而在中国更可能是一顿饭，或者一支香烟。就国内而言，如果你面对的是山东人或东北人，你可以竖起大拇指，说一句："好家伙，你真行！"不知情者看起来粗声大气，很不礼貌，但是被赞美者肯定会眉飞色舞地大声回敬一句："兄弟，你也不赖！"如果你忸忸怩怩，故作文雅，反而会引得人家不高兴。

赞美的新意很重要，但更需要我们综合各方面的因素来翻出恰当的"新"意，否则便会弄巧成拙、适得其反。马克·吐温曾经说过："一句好的赞美之词能当我10天的口粮。"我们每天都让新鲜的赞美流淌在他人的生活中，那么彼此的生活食欲就会增强。

赞美要出自内心◀◀◀

古谚云：精诚所至，金石为开。只有真诚的赞美，才能使别人感到你是真诚地在发现他的优点，而不是作为一种明显的功利性手段去分享他的利益，从而使他动之以情，自觉自愿地"打开"你所需要的"金石"，或者接受你在赞美背后隐藏着的不满，从而达到赞美的最高目的。

当你的赞美之词从舌底间流出的时候，很大程度上，你的言语中包含的真诚百分比已经显露出来，写到被赞美者的脸上或者心中。这个快捷的过程让人感到赞美他人原来也有惊险的时候。

林肯在 1863 年 4 月 26 日给胡克少将写了一封信，这时正是南北战争中最黯淡的时期。信的内容如下：

"我已经命你为波托马克的陆军首长，当然，我之所以这么做，对我来说，有很充足的理由，不过我认为最好还是让你知道，在有些事情上，我对你相当不满意。

我相信你是一名勇敢而战技纯熟的军人，当然，我十分欣赏你。我同时相信，你不会把政治和你的职业混为一谈，你这样做是对了。你对自己很有信心，如果这不是一种极为可贵的个性，必定是极有价值的美德。

有野心，在适当的范围内，好处多于坏处。但我认为，在伯思塞将军指挥军队期间，你曾表现出你的野心，而尽可能反对他，你那样做，对国家和一位功劳最大的友军荣誉军官来说，是极大的错误。

我曾经听说——由于言之凿凿使我不得不相信，你最近曾说，军队和政府都需要一位独裁者，当然并不是为了这个，而是由于我不予理睬，我才赋予你指挥权。

只有那些有成就的将领，才可以被称为独裁者。我现在所要求你的是军事上的胜利，我甘冒独裁的危险。

政府将尽一切力量来支持你，政府在过去和未来对所有指挥官都是如此的支持。我十分害怕你以前带到军中的那些精神，批评长官，不信任长官，现在可能会报应到你头上。我将帮助你，尽一切力量将之扑灭。

……要以充沛的精力和不眠不休的精神向前推进，把胜利带回来给我们。"

连续 18 个月，林肯的将领们带领北方军队做了一次又一次的悲剧性撤退，除了生灵涂炭而外，没有什么可喜的结果。全国震惊，士兵开小差逃跑，甚至共和党的议员们也起来反叛，希望林肯辞职。"我们现在处在黑暗的边缘，对我来说，连万能的主也跟我过不去，我看不到一丝希望。"林肯就是在这样的危难之中写了这封信。

林肯用最真诚的语言指出胡克少将的种种优点并毫不掩饰地加以称赞，在赞美的言辞后面，又一针见血地说出了胡克将军所犯的过失。"甘冒独裁的危险"，希望他"把胜利带回来给我们"。

最真诚的赞美往往使人首先有知遇之感。你为什么对我了解那么清楚？你平时是否很留意我的才干？因为你发现了我的每一个优点所在，我宁愿改正错误来报答你的知遇之恩。胡克少将在接到林肯的信函时肯定会有类似的想法。

后来的军事胜利就证明了真诚的力量，林肯这个"又黑又瘦"的总统也因如此不会说一些"胖话"，而造就了自己的胜利。

真诚的赞美就像医生手术时的麻醉剂一样，让病人在没有痛苦的状态中成功地完成恢复健康的过程，就像早晨的阳光唤醒了美好的一天。

赞美要有远见卓识◀◀◀

赞美别人不光要慷慨大方，而且要有远见卓识。

赞美的话要符合实际情况，不要流于夸大其词、不切实际，否则就会因为言过其实而让人扫兴，要深入了解对方的能力、性格、经历、成果等，赞美起来才不至于空洞无物。另外，要善于表扬别人没有注意到的部分，因为经常表扬的事让人感到厌烦。总之，要使自己的赞美经受得住时间的考验，而且要具体、贴切、与众不同。

赞美别人要善于从小事着手，于细微之处见高下。注意赞美对方较不易为人知的优点。

一个人无论他怎么差劲，也会有一两个值得表扬的优点。例如一个年轻的女孩子或许长相难看，但牙齿很白很漂亮，或者皮肤很好等等。要善于抓住这些地方对其加以赞美，也许有的人根本不在乎这些小优点，但无论如何，你的称赞一定会使她心情愉快。如果你面对的是一位美貌绝伦的女子，你老调重弹，夸其美得如何沉鱼落雁、闭月羞花，往往引不起她多大的兴趣，如果能找出她较不易为人所知的优点，则往往可以使对方有种意外的惊喜。

赞美别人需站在一定的高度上，充分发掘别人成绩的意义，并推测它将带来的影响。表扬一个人的行为和贡献比表扬他本人好，但一定要说中要害，这样你的表扬才会有品位、上档次。

表扬一个人的行为或他的贡献时，你的表扬不光要显得具体而贴切，而且要让人觉得特殊而真诚。表扬一个人的行为或成绩，还可以避免偏见或功利主义。因此，在日常生活中，与其对一个人说："你真了不起。"不如仔细阐述他所做的某一件事情所带来的巨大的社会效应或经济效益。表扬一个人的工作，会促使他工作时更加卖力；表扬一个人的行为，他的行为则会因此大有改善。但表扬的话必须一语中的，就像射箭一定要射中靶心。表扬别人的首要条件，是要有一份诚挚的心意和认真的态度。因此表扬别人时，千万不要讲出与事实相差十万八千里的话。例如，你千万不要对你年老的母亲说："你看起来比我姐还年轻。"这样你只会招来一顿狂骂。

赞美要注意的问题◀◀◀

实验心理学研究表明，人在受到赞扬后的行为，要比受了训斥后的行为更为合理，更为有效，且赞扬能释放出人的某种能量来。

领导者如果通过真诚的赞扬来激励下属，他们会自然地显示出友好和合作的态度来。赞扬之于人心，如阳光之于万物。员工经常听到真诚的赞美，感到自身的价值获得了领导的肯定，有助于增强自尊心，自信心。

"雪中送炭"的赞美比"锦上添花"的赞美更能起到激励作用。因为最需要赞扬的不是早已美名天下扬的人，而是那些自卑感很强、被错当成"丑小鸭"的"白天鹅"。他们平时很难听到一声赞扬，一旦被人当众真诚地赞美，就有可能尊严复苏，自尊心、自信心倍增，精神面貌焕然一新。对于任何一个最值得赞扬的，不应是他身上早已众所周知的明显长处，而应是那些蕴藏在他身上，尚未引起重视的优点。这种赞扬，为进一步开发他潜在的智慧与力量开辟了一个新领域，有助于他在攀登事业高峰的征途上更上一层楼。

赞扬的效果还在于见机行事、适可而止，真正做到"美酒饮到微醉后，好花看到半开时"。

某报社的老张是一名编辑，他总是勤勤恳恳地工作。在他生日时，全室人员为他庆祝，编辑部主任在祝词中是这样说的："老张多年来勤勤恳恳地工作，甘于奉献，却从不争荣誉，要功劳。在您生日之际，我代表全室人员向您表示祝贺！"主任的一番话令老张很感动，他认为这是领导对自己的肯定。

一位普普通通的下属住院了，领导亲自去探望时，说了这样一番话："平时你在岗位的时候，感觉不出来你做了多少贡献，现在没有你在岗位上，就觉得工作没了头绪、慌了神。你一定要安心把病养好！"

你把下属当成左膀右臂，让他也认为自己很重要，如此赞扬怎么不会赢得人心呢？

称赞的话一定要用词得当。否则，让对方听起来不像是夸奖，倒更像是贬低或侮辱。结果自然是不欢而散，事与愿违。所以在表扬或称赞他人时也要谨言慎行，注意措辞。

列举对方身上的优点或成绩时，不要举那些无足轻重的内容，比如向客户介绍自己的销售员时说他"很和气"或"纪律观念强"之类和推销工作无关的事。

你的赞扬中不可暗含对方的缺点。比如一句口无遮拦的话："太好了，在屡次失败之后，你终于成功了一回！"

不能以你曾经不相信对方能取得今日的成绩为由来称赞他。比如："真想不到你居然能做成这件事"，或是"能取得这样的成绩，你恐怕自己都没想到吧！"

可见，赞美也有内外行之分，内行的领导赞美下属，能起到激励下属的作用。有些领导常犯外行的错误，见了什么都说好，见了谁都说高，有的是不懂装懂，有的是只知其一，不知其二，语言不到位，说不到点子上，不能切中要害，缺乏力度。所以，称赞别人时，要注意以下几点：

（1）严戒滥用

这里讲的滥用是指相对时期内对一个对象赞扬的次数。次数太少，起不到应有的作用；次数太多，也会削弱应有的效果。而赞扬的频率是否适中，是以受赞扬者优良行为的进展程度为尺度的。如果被赞扬者的优良行为同赞扬的频率成正比，则说明赞扬的频率是适度的；如果呈现反比的现象，则说明赞扬的频率过高，已经到了"滥施"的程度。

（2）看得远一点

赞美不仅要符合眼前的实际，而且要高瞻远瞩，具有一定的前瞻性和预见性。那样才能提升你赞美的高度，使你的赞美经得起推敲和时间的考验。

有些东西具有相对稳定性，比如人的容貌、性格、习惯等，这方面比较容易称赞。而有些东西则不稳定，如人的行为、成绩、思想、态度等，若从长远考虑，赞美时要谨慎。如有些人入党之前各方面表现都很积极，领导便开始称赞他："该同志一直……"有经验的人就会想，先别夸那个，慢慢儿看吧。果然，他入党之后，各方面就开始松懈了。人迫于某种压力或某种需求，做一件好事很容易，难的是一辈子都做好事。如果赞美人时仅限于就事论事，极易犯目光短浅的错误。

（3）深切体会过程

许多人都有过这样的体验，当夸奖朋友取得的成绩时，对方会说："你不知道我付出了多少心血！"言语间仿佛有你不知其艰辛、看结果不看过程的意思。

相反，如果你说："真不错，一定花了你许多的心血吧！"他就会觉得心里舒服，认为你很了解他。可见，夸奖劳动的付出是必不可少的，甚至效果更佳。

其实，很多人做事并不仅仅在乎结果，更注重过程。如果你人云亦云地夸奖他取得的成果，不但有势利之嫌，还会让人这样想："如果我失败了呢？"因而也许对你心生厌恶也未可知。

第 10 章

委婉动听：把话说到别人心窝里去的口才智慧

直话容易出口伤人，委婉让人容易接受。在讲话时不直陈本意，而是用委婉含蓄之词加以烘托或暗示，使对方舒服地听到耳里去，顺利地流到心里去，更容易产生良好的效果，达到真正说话的目的。因此，为了把话说到别人心窝里，我们说话尽量要委婉动听，直话弯话，硬话软说，尽量做到曲折含蓄。

口才智慧

委婉让你更具亲和力◀◀◀

在与人打交道的时候，多说些委婉的话，更能体现你的亲和力，很明显，具有亲和力的话语更能为人们所接受。

许多预备役军人在受训期间都不太喜欢理发，最常抱怨的就是必须理发的这一规定。因为他们认为自己仍是普通老百姓。一级上士哈里·恺撒有一次奉命训练一群预备役士官。按照过去一般军人管理法，他大可对那群士官吼叫，或出言恫吓。但他并没有这么做，而是间接地表达了自己的观点。

他说："先生们，你们都是未来的领导者，你们现在如何被领导，将来就要如何去领导别人。诸位都知道部队对头发的规定，我今天就要按照规定去理发，虽然我的头发比你们还短得多。诸位等一下可以去照照镜子，如果觉得需要，我们可以安排时间到理发店去。"结果，许多人真的去照镜子，并且遵照规定理好了头发。

委婉本是一种修辞手法，是语气温和、言语柔美、语义曲折含蓄的一种言语技巧。即在讲话时不直陈本意，而是用委婉之词加以烘托或暗示，让人思而得之，而且越揣摩，似乎含义越深越多，因而也就越是有吸引力和感染力。有些事情委婉地说出来，比我们直言直语地说出来，所产生的效果是截然不同的，懂得委婉艺术的人，更能处理好各种人际关系。

据说，过去北京有一家新开的理发店，门前贴着一副对联："磨刀以待，问天下头颅几许；及锋而试，看老夫手段如何！"这直来直往的对联，磨刀霍霍，令人胆寒，吓跑了不少顾客，自然是门可罗雀。而另一家理发店的对联就以含蓄见长："相逢尽是弹冠客，此去应无搔首人。"上联取"弹冠相庆"的典故，含有准备做官的之意，又正合理发人进门脱帽弹冠之情形。下联意人人中意，心情舒畅。此联语意婉转，使这家店生意兴隆，财源茂盛。书面语言的委婉含蓄有其长处，口头语言也是如此。

一天中午，斯瓦伯经过他的一家钢铁厂，碰见几个员工正在抽烟，而头顶上正挂着"请勿吸烟"的牌子。斯瓦伯先生是如何处理这一情况的呢？他没有指着牌子说："你们难道不识字吗？"而只是走过去，递给每人一支雪茄，然后说：

"孩子们，如果你们到外边去抽，我会很感激。"员工当然知道犯了错，但是斯瓦伯先生不但没说什么，反而给每个人一支雪茄当礼物。如果是你，你能不敬重给自己面子的老板吗？

有时，人们用故意游移其词的手法，既不违背语言规范，又会给人风趣之感。有人谈及某人相貌丑陋时，说"长得困难点"；谈到某人对一件事、一个人有不满情绪时，说他对此人此事有点"感冒"等，均曲折地表示了事情的本意。

贾可布太太请了几位工人盖房子。刚开始几天，每次她回家的时候，总发现院子里乱七八糟，到处是木屑。由于他们的技术较好，贾可布太太不想让他们反感，便想了一个解决的办法。

她等工人们离去之后，便和孩子把木屑清理干净，堆到院子的角落里。第二天早上，她把工头叫到一旁，对他说："我很满意昨天你们把院子清理得那么干净，没有惹得邻居们说闲话。"从此以后，工人们每天完工之后，都把木屑堆到院子角落，领工也每天检查院子有没有清理。

使用委婉语，必须注意避免晦涩艰深。谈话的目的是要让人听懂，如一味追求奇巧，会使他人"丈二和尚摸不着头脑"，甚至造成误解，必然影响表达效果。

要做到语言含蓄需善于洞悉谈话的情景和宗旨，还要练就随机应变的本领，这样才会使你的语言得心应口，别有新意。

委婉艺术的运用可以避免许多争吵与矛盾，它既把事情的原本意思表达出来了，又不伤害当事人，这对你建立和谐的人际关系有着相当大的帮助作用。若一味地用强硬直白的语言，无疑会伤害到别人的自尊，这样，即使别人错了，也不会接受你的意见。

让自己的语言委婉诚恳◀◀◀

和煦的暖风永远比凌厉的风雨更能使人敞开胸怀。

作为上司，你用命令的语气说话，等于把下属的身份贬低，甚至是践踏了他的尊严。反之，如果用"请教"的语气给下属分派工作，无形中是抬高了对方的地位。一位低职员工说："领导有次对我说，'这些都需在下午之前装进盒子里，打上标签，装进货箱后运车库。等你做完了，还有些别的事需要你的帮忙。'然后他就走开了。这让我感到自己是程序中重要的一环，既然领导相信我能做好，我就要证明自己能做好，不让他失望。"

在生活中，有许多人都注意到了对朋友、同事及陌生人这方面的礼节，但又很遗憾地忽略了在上、下级之间同样需要客气。有人认为，最佳上司的一个条件是尊重下属的劳动，哪怕是倒一杯水、打印文件一类的小事，最好都要致谢。韩明是酒店的大堂经理，但他常对服务生说"辛苦你了""谢谢你""麻烦帮我换张床单"等客气话，使服务生们觉得自己很受尊重，所以工作热情很高。

"只有先把自己放在别人脚下的人，别人才会把你捧在头上"，睿智的人懂得这个道理，说话时会替对方着想；愚昧的人为了炫耀自己比对方了不起，才会以在言语上贬损他人为乐。

当你所处的地位比对方高时，要格外留意说话的口气。如果校长能亲切地向学生说"你们的身体真棒啊"，经理能体恤员工说声"大家辛苦了"，客人能向服务生说声"麻烦你了"，岂不令听者心情为之振奋。对领导而言，一句客气话不费吹灰之力，却能达到百利无一害的结果，你何不为之？即使对方为你服务是应尽的义务，然而一句客气话却能使他对你更为心悦诚服。

难说的话不说是不行的，关键是委婉、诚恳，尽量减轻对下属的打击。有些话虽然并不过分，也并没有什么不正当的意图，但当领导的还是很难出口。比如说，告诉下级被降职了，解雇了；下级辛辛苦苦拟好的计划书，却被你否定了，下级向你提出了一个好的建议，而你却由于疏忽大意或工作过于繁忙忘记审阅了，下级向你催问时，你该如何回答？

（1）降级通知时说话要委婉

有时候，公司人事调动，下级被降级，或是调到分公司，或是委派他去干一些棘手难办的事，总之不再受到领导的重视。领导这时有责任通知他，并且要耐心安抚，尽量使他能保持积极愉快的心情前往新的岗位就任。千万记住，不要用伤感情的字眼。下级被降职，心里本来就非常不痛快了，领导再用词不当，甚至恶意地嘲讽对方，无异于是给下级怒火上再浇一盆油。

（2）变更计划时说话要委婉

首先要说的问题是，要更改已经通过的计划，如何向下属说明？万万不能对下属说："不关我的事，都是经理一人说了算，我也没办法！"

这样把责任转嫁给上级，自己暂时没有问题了，但却会使对方对经理产生怨气。或者，一旦下级明白你是在推卸责任，肯定会对你产生极大的反感，你自己的威信也肯定会受影响。

也不可为了防止下级反对，而用高压手段制止对方开口。这样做会使下级心里留下疙瘩，对你不满，也会对工作不满。所以你用高压手段是最不明智、最不可取的做法。

正确的方法应情理兼容，善意地说服下属，才能使对方真正地心服口服，不会丧失工作的积极性。

（3）提案被耽误时说话要委婉

作为领导，应该重视下级的提案，尽管这提案没有可操作性，也不可伤害下属的积极性。有的上司满口答应"看一看"，而过了一段时间后，还是没有看。而下级既然递交了自己的提案，就希望得到一个完满的答复，于是一些人会问领导："那个提案，您看过了吗？现在办得怎么样了？"

在这种情况下，作为领导应该直率地告诉下属："对不起，我这段时间很忙，实在没有时间细看，不过一周之内会给你一个满意的答复的。到时候我通知你。"

在约定时间之前，领导要主动答复下级。下级一定会被领导的主动热情所感动。尤其是如果答复是否定的，与其让下级追问理由，不如由自己主动找对方加以说明，表示领导的确认真对待了他的提案，是有诚意的，而不是草草应付了事。

如果提案需要递交更高一级的领导，而上一级的领导态度不明确，以至于没有确定结论时，此时领导最好能居中说明立场，表示自己已经递交给了上级，却久久没有回音，不得已催促上级时，所得答复却是否定的。这时要详细说明，千万不能敷衍。

千万别耍直脾气

不能永远拿直脾气为自己的不懂沟通做挡箭牌。

我们在与人交往中，常常会听到这样的话："我这人是个直脾气，说错了你别见怪。"乍一听挺真诚，其实仔细推究起来，不免包含了另外一种意义，即为自己说错话或可能说错话开脱。那么既然有开脱之嫌，时间一长，难免会被听者窥破。这样一来，即使你当时确乎真心，也许还是会被对方误解，从而产生芥蒂。

因此，在我们日常谈话中，有时因为环境、气氛、心理等因素，有些内容不便直接说出来，要用婉转的语言来表达，即俗话说的转着弯说，就可以避免给对方造成不良刺激，破坏谈话的情绪，甚至使谈话无法进行下去。委婉又称婉曲、婉转，即说话者不直说本意，只是用婉曲含蓄的话来烘托暗示。

委婉和含蓄是紧密相连的，并非花言巧语，含糊其辞是因为它既不是为了哗众取宠，要什么花招，也不是语言不清，态度不诚恳，不让人弄明白什么意思。它是一种富于智慧、独具魅力的表达技巧，是为某种需要而采用的办法。培根说："含蓄和得体，比口若悬河更可贵。"说明某些问题，适应某种场合，含蓄委婉的说话比直来直去让人受用得多。鲁迅有个叫川岛的日本学生，由于谈恋爱浪费很多时间，鲁迅为了提醒他，在送他的书上写道：

请你从"情人的拥抱"里，

暂时伸出一只手来，

接受这干燥无味的

《中国小说史略》……

鲁迅的题词是含蓄的批评、含笑的提醒，不露声色而又意味深长。看到这样的赠言，必然会在一笑之余陷入深思和反省。

1984年，年已七旬的里根同年轻的蒙·代尔竞选总统。里根发表竞选演说时，有记者问："你不认为在这次选举中年龄会成为问题吗？"里根回答："我不打算利用我的对手年轻和阅历不深这一弱点。"

记者和里根的话都有"潜语"，记者认为里根年纪大了，里根认为我有经验。短短一句话，既扬己之长，又揭人之短，既毫不留情，又委婉客气。

　　据说，某个企业家飞赴香港创办××实业公司时，受到各方重视，一下飞机就有记者采访。一位女记者问他："你带了多少钱来？"企业家随口便答："对女士不能问岁数，对男士不能问钱数。小姐，你说对吗？"含蓄回避，而又幽默俏皮，比之"支支吾吾""哼哼哈哈"来掩饰，或"恕我直言，无可奉告"来拒绝，效果明显要强上百倍。

直话要转个弯来说◀◀◀

转着弯说话，有时比口若悬河更可贵。某些问题在某种场合，转着弯说话，比直来直去让人受用得多。

某人长期借钱不还，只要是他认识的人，他都借了钱。他口才特别好，脸皮也修炼到了一定的厚度。一日他又找朋友甲借钱，他一进门就说："老朋友，别看报了，我有急事找你，只有你能帮我……"

甲一听他开口又是来借钱的，心里就有火，上一次借的钱还没还现在又来借了。他心里立即涌出了几句十分直白的话："你上次借的钱都还没还呢，还有脸再来开口呀！""我不能再借钱给你这样的人，你得赶快还上次的钱。""抱歉，我手中没钱。""就这一次，下不为例了哦！"

甲转而一想，朋友相处多年，他人并不坏，只是有此毛病，理应劝他改改就成，于是，他没有将心中的话直讲出来，而是换了一种方式说道："我们是老朋友了（其实还不算老，尊重他），借钱没问题，你先坐下喝杯茶，听我说几句。你看今天的报纸又在报道中国的水资源还能用五十年左右，资源都快枯竭了，你知道什么原因吗？"

借钱者只想借钱，他略一思考后说："不知道，你学问多就告诉我吧！"

甲叹息道："资源再多也有穷尽的时候呀，关键是要懂得及时维护，若不维护，只知道任意开采，总会枯竭的呀！"

借钱者并非非要借到这笔钱不可，他是明白人，一听就能听出朋友是在委婉地劝他。他立即醒悟，带着歉意走了。

他似乎从这次谈话中悟到了点什么——朋友也是资源，也得维护。

由此看来，直话和转了个弯的话，会产生不同效果。

所谓直话，多半都是直指他人缺点的话，都是被伤害者实在忍无可忍的情况下讲出来的话，都是点击说话者身上"要穴"的话。

从客观上讲，这种话的确是应该讲的话。如果你真正关心对方，真正想继续交往下去，那就有义务提醒对方身上存在的某些明显的缺点。因为缺点首先被他人发现，而自己一般是感觉不到的。

不过，你真正将直话讲出去了，那多半只能得到一个结局——对方不仅不感谢你，而且还会在心里怨恨你。这就是人性的弱点，人都只听得见赞美和吹捧的话，而不想听负面的和真实的话。要知道，听得进忠言和逆耳之言的人，是需要修炼的，是要有境界的，而这种人并不多。

所以，直话并不那么好讲，一出口多半会伤人，会得罪人。那么，不得不说的话，应该怎么说才有效果呢？

应该转个弯后再说。

所谓转了弯的话，就是将生硬如石头的话加温、加工，使之变成柔软的话、温暖的话。这样的话才是"话中正品"，而直话，从人性的角度来说，只是话中的"次品"而已。因此，我们在讲的时候，要多出正品，少出次品。

直话的目的也是要别人听进去后有所改变，其最终追求的依然是效果。而直话却是否定人性的，是不承认人是幼稚的人、有缺点的人、听不得逆耳之言的人。因此，话并不是随便都能说的，特别是直话。

直话，一则伤害对方的尊严和面子，二则否定了人家的智慧，三则否定了人家的品德。正因为如此，许多直话不仅没有收到预料的效果，而且还会恶化人际关系。

而转了弯的话，则正好照顾到了直话的三大缺点，找到了对方能接受的切入点，因此，对方会舒服地听到耳里去，顺利地流到心里去，从而起到真正说话的目的。

所以，你如果要对他人讲直话，最好先考虑一下，等你能用转了个弯的话说时再说，不然，时机不成熟，结果也许会适得其反，还不如不说。

在人际交往中，别人提出的要求，总有些是我们所不应、不能或不愿答应的。但拒绝总是令人遗憾的，要把这种遗憾降到最低程度，既不伤害对方的自尊心与感情，又达到拒绝的目的，这就需要我们掌握说"不"的技巧，把拒绝的话讲得委婉灵活一些。

当你遇到敏感的问题或难以满足的要求而又不便直接拒绝时，不妨以某种话语暗示自己的拒绝之意。

中唐时期，平卢淄青节度使李师道，搞藩镇割据，与朝廷分庭抗礼。他欲拉拢著名诗人张籍为他的不轨行为效劳，张籍巧妙地向李师道讲了一个故事：

有一位美丽而忠贞的已婚女子，遇到了一个痴情的求爱者，执着地苦苦追求她。她对求爱者吟了一首诗："君知妾有夫，赠妾双明珠……知君用心如日月，

197

事夫誓拟同生死。还君明珠双泪垂，恨不相逢未嫁时。"听了这首诗，那痴情男子知趣而退，不再纠缠了。

　　故事讲完了，李师道也懂得了张籍的意思，不再强人所难了。面对李师道的"浓情美意"，诗人以一个忠贞女子拒绝"第三者插足"的故事，暗示了自己一心一意效忠朝廷的态度，语意委婉而坚决。这是我国古代委婉拒绝的一个典型例子。

　　转着弯说话，并非花言巧语，并非为了哗众取宠，要什么花招，也不是语言不清，态度不诚恳，让人弄不明白什么意思。它是一种富于智慧、独具魅力的表达技巧，是为某种需要而采用的办法。

要直爽但不能要直言◀◀◀

性情可以爽直，但说话却往往不能直来直去。

直爽并不等于言语毫无顾忌。说话直爽，常被人们当作一种优点。但在生活中，却有这样一种现象，同样是直来直去的人，有的人处处受到欢迎，而有的人却处处得罪人，人们都不愿意与他交往。

与人说话，不管是在职场还是在正常的人际交往中，都要讲究策略。如果不讲究一些策略，说话直来直去，肯定会伤害到朋友、领导、同事之间的关系。

那些因说话直而得罪人的人，问题就出在方法上。他们只图一时之快，不讲方式方法。比如批评别人，虽然你心地坦白，毫无恶意，但因为没考虑到场合，就会使被批评者下不了台，面子上过不去，一时难以接受。对方的自尊心被伤害，当然会对你有意见。

中国人的行为模式很特殊，最明显的一点就是，表面上一套，实际上可能是"意在言外"。换句话说，就是嘴上说喜欢"直来直去"，内心深处却并不喜欢"直来直去"。当对方回答"不"的时候，未必真的是"不"，很可能只是碍于面子，第一次需要拒绝来拿拿架子、摆摆谱，或是客套地礼貌性回答。而第二次再恳求时，对方可能就同意了。反过来说，当对方说好的时候，也未必就表示同意，或许只是不愿当面给你难堪而已。

明白了这个道理，也就清楚了为什么在工作中，为什么对许多事领导说"研究研究"之后便没了下文；为什么爱提意见"直来直去"的人，不仅难以获得上级的肯定，反而会因此而遭到打击报复。

有一个单位，上司在会议上提出了一项改革计划。长篇大论之后，上司照例问问各级主管有没有意见。正当众人都静默无声的时候，却有一个不识相的家伙，立刻站起来，提出他的看法，并针对计划的弊病，说得口沫横飞，最后还提出了另一项改革计划。不用说，等待这位老兄的结果可想而知。

上司既然会在会议中先提出计划，就是摆明了要大家等一下表决时，全部没意见通过。表决当然也只是走走形式而已，否则在计划公布之前，他自会先私下征询部属的意见。如果是公开要各级主管做评估时，千万可别当真，他只是给大

199

家面子而已。换句话说，上司问大家有没有意见，实际上就是要告诉大家——不准有意见。

因此，要想在人生中取得成功，必须善加分辨，认清对方是真要你开口，抑或只是礼貌性地客套。最好在说话时巧妙地拐个弯，千万不要"乱放炮"。因为每个人都需要自尊，需要面子。直来直去，实际上就是"不给面子"，使对方心中不快，以至造成双方关系破裂，甚至反目成仇。事后想想，真是毫无意义，后悔晚矣！

朱元璋称帝后，要册封百官，可当他看完花名册时，心里又犯了难。因为功臣有数，但亲朋不少。封吧，无功受禄，群臣不服；不封，面子上过不去。军师刘伯温看出朱元璋的难处，又不敢直谏，一来怕得罪皇亲国戚，惹来麻烦；二来又怕朱元璋受不了，落下罪名。但想到国家大事，不能视而不见，最后，他想出一个方法，画了一幅人头像，人头上长着束束乱发，每束发上都顶着一顶乌纱帽，献给了朱元璋。

朱元璋接过画，细品其味，忽然哈哈大笑道："军师画中有话，乃苦口良药。真可谓人不可无师，无师则愚；国不可无贤，无贤则衰！"原来，刘伯温画的意思是："官（冠）多法（发）乱！"刘伯温此举，不但未伤害到朱元璋的面子，不犯龙颜，还道出了谏言：官多法必乱，法乱国必倾，国倾君必亡。画中有话，柔中有刚，也算是待人处世高明的"说话会拐弯"，使听者懂得话外之音，从而达到了预期的目的。

另外，说话会拐弯，还体现在巧妙劝说上司改正自己所做出的错误决定，让上司从你拐弯的话中，自己悟出应该如何去做。古语道："伴君如伴虎。"一句不慎的话，都可能使臣民人头落地。因此，聪明的臣子总是直话不直说，说话会拐弯，委婉地表达自己的意思。

与其说直来直去的人是豪爽，还不如说他说话做人太简单。直语易伤人，何不绕个弯。同样的表达，同样的目的，绕一个弯就能圆满，何必弄得目的达不到还得罪了对方。

你不妨回过头来检查一下自己：是不是忽略了场合？说话方式是不是触及了别人的隐私？同样是提意见，为什么不同的方式会达到不同的效果呢？说话时先为对方着想，不要动辄以教训的口吻指责别人，要注意维护对方的自尊，这样你才会成为一个受欢迎的直率人。

不着痕迹地暗示对方◀◀◀

有的时候一点委婉的暗示远比毫无遮拦的直言更能引起他人深思。

纽约有两家大公司，一是巴顿公司，一是奥思蒙公司。巴顿公司的经理约翰，想把巴顿公司和奥思蒙公司合并成一个控股公司。有一天，他不着痕迹地向奥思蒙公司的经理说了一句效力极大的话。而两个公司，竟然因他这句话合并起来，实现了约翰的愿望。

约翰说了一句什么话，竟然产生了如此大的效力？情形是这样的：

有一天，约翰对奥思蒙公司的经理说："前天晚上，我注意到，你们的经销处与我们的经销处，并没有利益上的冲突，而且我们的主顾也各不相同。"

"这是什么意思？"那位经理问道。

"我只是随便说说而已。"约翰说完，就微笑着走开了。

可是，约翰已把自己的意思，也就是两家公司合并后只有好处这一观点深植在那位经理的脑海之中。

此后好几个星期，彼此之间，并没有说些什么别的话。但是，约翰的弦外之音，已经拨动了那位经理的心弦。

在前面的谈话里，约翰并没有直接建议两个公司合并，只是转弯抹角地强调，二者的合并是有益无害的。而那位经理，就开始研究起这个问题来。于是，在他们日后正式会晤的时候，第一个仔细讨论的话题，竟是那规模宏大的合并事业。

原来，约翰所采用的策略，是一个在许多年以前为拿破仑所常用的策略——不着痕迹地暗示对方。

这种方法，在你与客户的办事过程中是值得借鉴的。你在与客户办某一件事时，不要直言相告，而是要抓住对方的心理，暗示对方，这样也可能收到更好的效果。

学会巧妙委婉的拒绝◀◀◀

拒绝总是不那么容易说出来，尤其是不想得罪人的时候，所以要学会一点委婉的拒绝方法。

若别人有求于你，而你出于各种原因却不能接受，又不好直说"不行""办不到"，怕因此伤害对方的自尊心；若对方提出一些看法，你不同意，既不想讲违心之言，又不愿直接反驳对方；若你看不惯对方的行为，既想透露内心的真情，又不愿意表达得太直露，以免刺激对方。要想处理好上述社交经常出现的情况，就要在社交活动中学会巧妙委婉的拒绝，根据不同的情境说"不"。

1. 假托直言

直言是对人信任的表现，也是与对方关系密切的标志。但是多数情况下直言因逆耳而不能收到预期的效果。在这种情况下，要拒绝、制止或反对对方的某些要求、行为时，可采取假托由于非个人的原因作为借口从而加以拒绝，这样对方就容易接受。例如：

某报社的推销员登门要求你订阅他们发行的报纸，可你不想订阅。你可以很有礼貌地说："谢谢。你们的服务很周到，可是我家已经订阅了其他几家报社的报纸了，请谅解。"

2. 反复申诉

当别人侵犯了你的权利时，你要维护你的权利，既坚持你所需要的东西而不生气，也不急躁或高声喊叫，应该学会在一种冲突的情境中有效地反复表达你的意见。例如：

你到商店去买东西，由于购物的人多，售货员少找给你十元钱。你向售货员提出，售货员因记不清而引起了纠纷。这时你要以一种平静而重复的声音诉说是如何少找给你钱的，直到问题得到解决。下面这段店员和买主的对话就是一个很好的例子。

买主：小姐，你少找给我十元钱。

店员：不会吧，我们总是一手交钱，一手付货。

买主：我相信你们总是这样做的，可是你确实少找给我十元钱。

店员：你有发货票吗？

买主：拿出发货票，你看，就是差了十元钱。

店员：看发货票，你在这里买的是两双儿童的靴子。

买主：不错，你再算算，就是差十元钱。

店员：你看过你的衣袋没有？你是不是掉在哪儿了？

买主：不会的，我没动地方。我衣袋里再没有钱了。

店员：现在没法结算，快闭店时我们结账，你来一趟好吗？

买主：好，我相信您一定会找到。

3. 模糊应对

如果由于某种原因不愿意或不便于把自己的真实想法说给对方，这时可以用模糊语言来应对。例如：

在医院里，一位患有严重疾患的病人问医生："我的病是不是很重，还有康复的希望吗？"

医生回答："你的病确实不轻，但是经过治疗，安心养病，慢慢会好的。"

这里的"慢慢会好"是模糊语言。这"慢慢"是多久，是说不清的，但给病人以希望，对病人是一个极大的安慰。

4. 热情应对

明确表示你希望满足对方的要求，并表示同情，可是实际上是心有余而力不足，请对方谅解，而不直接拒绝。这样也能收到良好的效果。例如：

客户要求电信局安装市内住宅电话，由于供不应求，无法一一满足，但又不能拒绝客户的要求。回答时，应表示同情，并热情地说："满足客户的要求是我们应尽的责任，可是由于目前线路短缺，还不能全部解决，我们正创造条件，请你耐心等待。"

5. 旁溢斜出

对对方提出的问题给予回避性的回答，而不直接否定对方提出的不合己意的问题。例如：

你的同学问你："某某小说写得很不错，你认为怎样？"

你可以这样回答："还可以，不过我更喜欢某作家的某一本小说。"

再如，星期天你的妻子说："今天我们去看话剧好吗？"而你不愿去，可以说："去看电影怎么样？"这种回答不会引起对方的反感，对方可能会同意你的意见。

间接地指出别人的错失◀◀◀

简单地指出他人的过失并不能起到什么作用，使他人自己认识并改正过失才是高明的办法。

我们在说服别人时，常常会犯这样一个错误，就是当发现对方有明显的错误时，会不客气地批评对方说："那是错的，任何人都会认为那是错的!"这样一来，对方的自尊心会受到伤害，而突然陷入沉默，或挑剔你的言辞来拒绝你的说服。

因此，为了不触犯对方的自尊心，即使发现了对方的错误，也不要立刻指出，而应采取间接的方式，继续进行说服。据说美国政治家富兰克林年轻时非常喜爱辩论，尤其是对于别人的错误更是不能容忍，总是穷追到底。因此，他的看法常常不能被人接受。当他发现了自己的缺点之后，便改以疑问的形式表达自己的意见，后来他的成就是众所周知的。

由此可知，不要用"我认为绝对是这样的!"这类口气威压对方。用"不知道是不是这样?"这种委婉的态度与对方交谈效果会更好。

批评是我们常用的一种手段，但我们有些人批评起来简直让他人无地自容，下不了台阶。其实，这种批评方式不但无法达到让他人改正错误的目的，而且有碍于你的人际关系。既然如此，为何还要使用这种"残酷"的手段呢? 在生活和工作中，我们不可能没有批评，但要学会巧妙地批评，让他人既意识到自己的错误，并尽快改正，同时也理解你善意批评的意图，使他内心里对你心存感激。或者批评之前先总结一下他人的优点，然后慢慢引入缺点。在他人尝到苦味之前，先让他吃点甜味，再尝这种苦味时就会好受些。

一天下午，查理·布夏经过他的一家钢铁厂，撞见几个雇员正在抽烟，而他们的头顶上正挂着"请勿吸烟"的牌子。那么夏布先生是如何处理此事的呢? 他并没有指着牌子说："你们难道不识字吗?"而只是走过去，递给每人一支烟，然后道："老兄，如果你们到外边抽，我会很感谢你们。"员工当然知道自己破坏了规定，但是夏布先生不但没说什么，反而给了每个人一样小礼物，谁能不敬重这样的老板呢?

　　约翰找了一个就是奉承也无法说漂亮的女士为妻，可是几个月之后，他的妻子却变得像"窈窕淑女"一般的美丽，简直是判若两人。这位女士在结婚之前，不知为什么对自己的容貌有强烈的自卑感，因此很少打扮。当时因为是大战刚结束，物质极端贫乏，人们的穿着都很普通。当然，她也太不讲究了。不，不是不讲究，而是认识出现了偏差，认定自己不适合打扮。她有一个非常漂亮的姐姐，这也使她产生了强烈的自卑感。每当有人建议她"你的发型应该……"时，她都怒气冲冲地说："不用你管，反正我怎么打扮也不如姐姐漂亮。"可以认为她要把自己的容貌未得到赞美的不满情绪转嫁到因为不打扮这一理由上，并且加以合理化。到底约翰是怎样说服他的妻子，使她发生了变化的呢？根据他自己说，当他的妻子穿不适合她的衣服时，他什么也不说，但是，当她穿上适合她的衣服时，便夸奖说"真漂亮！"，发型、饰物也是如此。慢慢地，她对打扮有了信心，对于容貌所产生的自卑感自然也消除得无影无踪了。

　　以上这两个例子的共同点，是不直接说出对方的错误，而是通过间接的方式让对方自己去发现并改正自己的错误；在禁止对方不要做某件事时，不使用直接禁止的语言，而是劝说对方做与之完全相反的事情。此外还有一个共同点，那就是两者的说服对象都采取了不愿听从他人的忠告，或看到上司后，还依然坚持违反规章的反抗态度。两位聪明的说服者都知道，要矫正因不满情绪而产生的反抗态度，如果直接禁止对方只会招致反感，而采取不禁止，只是劝说对方做与之相反的事情的方法，却能收到良好的效果。

妙用"曲径通幽"的策略◀◀◀

我们在说服别人的过程中，若既不能速战速决迅速找到最佳突破点，又无法正面与其交锋打消耗战，那么不妨绕绕弯，曲线救国，曲径通幽。

清朝著名才子纪晓岚很善于驾驭言语，一次，乾隆皇帝想开个玩笑考验纪晓岚的辩才，便问纪晓岚："纪卿，'忠孝'二字作何解释？"

纪晓岚答道："君要臣死，臣不得不死，是为忠；父要子亡，子不得不亡，是为孝。"

乾隆立刻说："那好，朕要你现在就去死。"

纪晓岚："臣领旨。"

乾隆："你打算怎么个死法？"

纪晓岚："跳河。"

乾隆："好吧。"

乾隆当然知道纪晓岚不可能去死，于是静观其变。不一会儿，纪晓岚回到乾隆跟前，乾隆笑道："纪卿何以未死？"

"我碰到屈原了，他不让我死。"纪晓岚回答。

"此话怎讲？"乾隆疑问道。

"我去到河边，正要往下跳时，屈原从水里向我走来，他说：'晓岚，你此举大错矣。想当年楚王昏庸，我才不得不死；可如今皇上如此圣明，你为什么要死呢？你应该回去先问问皇上是不是昏君，如果皇上说他跟当年的楚王一样是个昏君，你再死也不迟啊'！"

乾隆听后，放声大笑，连连称赞道："好一个如簧之舌，真不愧为当今的雄辩之才。"

纪晓岚巧用"曲径通幽"的技巧，在毫不损害乾隆面子的情况下，点出他的无理之处，一举令他折服。很显然，乾隆是根据纪晓岚提出的"君要臣死，臣不得不死，是为忠"之论叫他去死，此令顺理成章。纪晓岚临阵进退皆无道理，只有迂回出击，方能主动创造契机，指出如果皇上承认自己是昏君，他就去死。而乾隆当然不可能承认自己是昏君，故纪晓岚很自然地也就把自己从"死"中解脱出来，为自己找到了一个充分的不死理由。

公元前265年，赵国的赵太后刚执政不久，秦国便发兵前来进攻。赵国求救于齐国。齐国提出必须以赵太后的小儿子长安君作为人质，才肯发兵相救。但是赵太后舍不得小儿子，坚决不允。赵国危急，群臣纷纷进谏。赵太后依旧坚决地说："从今日起，有谁再提用长安君当人质，我就往他脸上吐唾沫！"大臣们便不敢再多说什么。

有一天，左师触龙要面见赵太后，赵太后认为触龙一定是为了劝谏此事而来，于是她便摆开了吐唾沫的架势。不想触龙慢条斯理地走上前，见了太后，关心地说："老臣的脚有毛病，行走不便，因此好久未能来见太后，我担心太后的玉体违和，今天特地来看望。最近太后过得如何？饭量没有减少吧？"

太后答道："我每天都吃粥。"触龙又说："我近来食欲不振，但我每天坚持散步，饭量才有所增加，身体才渐渐好转。"

赵太后听触龙不提人质的事，怒气也渐渐消了。两人于是亲切、融洽地聊了起来。

聊着聊着，触龙向赵太后请求道：

"我的小儿子叫舒祺，最不成才，可是我偏偏最疼爱这个小儿子，恳求太后允许他到宫中当一名卫士。"

太后赶紧问触龙："他几岁了？"

触龙答："十五岁。他年岁虽小，可是我想趁我在世时，赶紧将他托付给您。"

赵太后听到触龙这些爱怜小儿子的话，深有同感，便忍不住与他闲谈。

太后说："真想不到你们男人也疼爱小儿子呀"

触龙说："恐怕比你们女人更爱小儿子。"

触龙见时机已到，于是把话题深入一步，说：

"老臣认为太后爱小儿子爱得不够，远不如太后爱女儿那样深。"太后不同意触龙的这个说法。

触龙解释道："父母爱孩子，必须为孩子作长远的打算。想当初，太后送女儿远嫁燕国时，虽然为她的远离而伤心，可是又祈祷她不要有返国的一日，希望她的子子孙孙相继在燕中为王。太后为她想得这样长远，这才是真正的爱。"

太后信服地点了点头。触龙接着说："太后如今虽然赐给长安君许多土地、珠宝，但若不使他有功于赵国，太后百年之后，长安君能自立吗？所以我说，太

后对长安君不是真正的爱护。"

　　触龙这番话说得赵太后心服口服，同意给长安君准备车马、礼物，送他去齐国当人质，并催促齐国出兵。而齐国也很快就出兵解了赵国之围。

　　触龙说服赵太后的方法，便是运用曲径通幽、以迂为直策略的典范。

　　英国军事家哈利也曾说过："在战略上，漫长的迂回道路，常常是达到目的的最短途径。"

批评要注意场合◀◀◀

穿衣要看天气，批评也要看场合。

不注意场合随意批评人往往收不到批评的效果，领导者尤为如此。这样做不仅起不到效果，还会伤了部下的面子和自尊心，也会坏了自己的形象和威信。

批评部属一定要注意场合，而且不能像泼妇骂街。因为，大部分人都不愿意看到上司斥责部属，不愿看到自己的同事被责骂。当然，有的人会幸灾乐祸，但大部分的人会站在被责骂者一边。

有的人喜欢在众人面前斥责下属，并不是因为出于气愤，而是想经由这种方式向上级、客户或其他部属表明这不是他的错，而是某个下属办事不力造成的。事实上，这种做法是幼稚的。

一是你既然身为领导，就得对职责内所有事务负起责任。如果你一味强调自己不知情，只会使你在掩饰的同时，暴露出你的另一面缺失，那就是你管理不力，或你所主持制定的管理规则不健全。更重要的是，你的这种推卸责任的行为，会让其他部属看了心寒，他们会觉得你是一个自私、狭隘、没有气量的上司。

二是如果一旦出了问题，你就把责任往下属身上推，拿下属做挡箭牌，那么，毫无疑问，这个下属从此就有可能对任何工作都不再热心。而且，他还会在心里想着："好啊，这次你拿我当替死鬼，那我们骑驴看唱本——走着瞧吧！"

更要命的是，如果你的部属是一个脾气暴躁的急性子，他也许当场就和你针锋相对，大吵起来。

这时，他也许会把你一些见不得人的黑幕抖搂出来，然后扬长而去。当着那么多旁观者，谁的处境最尴尬？最终还不是你丢了自己的面子。

因此，在发生问题的时候，即使你确定是部属犯的错误，也应该把他喊到办公室，在没有第三者的情况下进行批评。

给予不幸者以安慰的技巧◀◀◀

人生遭遇不幸总是会让人很难过，适时恰当的安慰才能起到应有的抚慰效果。

人生的道路不平坦，逆境常多于顺境。不幸的事，人人难免。身处逆境，面对不幸，当事者不仅本人需要坚强起来，也迫切需要别人的安慰。人是社会的、合群的和有感情的高等动物。痛苦再加孤寂，痛苦倍增；痛苦有人分担，痛苦减半。安慰如"雪中送炭"，能给不幸者以温暖、光明和力量。给予不幸者以安慰，是为人处世的一种美德。当朋友遭到不幸时，及时送上真诚的安慰，更是你应尽的责任。

在探望身患重病的朋友时，你不必过多谈论病情。有关的医疗知识，医生已有所交代和说明，无需你再多言。如果对方本来就背着重病的精神包袱，你再谈及过多，势必包袱加重。你应该多谈谈病人关心、感兴趣的事，以转移对方的注意力，减轻精神负担。如能尽量多谈点与对方有关的喜事、好消息，使他精神愉快，更有利于早日康复。医生送去治疗身体的良药，挚友送去温暖人心的情感都是根治重病必不可少的。

对于因生理缺陷或因出身、门第被人歧视的朋友，由于不幸的原因有些是先天的，并非全是人为的。你劝慰他时应多讲些有类似情况的名人的成功事迹，鼓励他不要向命运屈服，争取人生的幸福，实现人生的价值。

在安慰丧失亲人的朋友时，你不要急于劝阻对方的恸哭。强烈的悲痛如巨石积压在心头，愈久愈重，不吐不快，让其宣泄、释放出来，反而如释重负，有利于较快恢复心理平衡和平静的状态。你应当注意倾听对方的回忆、哭诉，并多谈谈死者生前的优点、贡献，人们对他的敬仰、怀念。死者的生命价值越高，其亲属就愈感宽慰。

对于胸怀大志而又在事业上屡遭挫折、失败的朋友，最需要的是你对其强烈的事业心的充分理解、支持。对于他们，理解应多于抚慰，鼓励应多于同情，怜悯是变相的侮辱，敬慕是志同道合的表现。你不必劝慰对方忘掉忧愁、痛苦，更休想说服对方随波逐流，放弃他的理想、追求。最好的安慰，是帮助对方总结经验教训，分析面临的诸多有利和不利的条件，克服灰心丧气的情绪，树立必胜的信念，并共同探讨到达事业顶峰的光明之路。这就要求你对他所从事的事业有一定的了解，称得上是名副其实的知音。

　　中华民族是勤劳、勇敢又善良、重情义的民族。在我们民族的语言中就有如"比上不足，比下有余""谋事在人，成事在天"、"塞翁失马，焉知非福""大难不死，必有后福""失败是成功之母"等一大批专用于安慰、鼓励不幸者的谚语、格言和典故，在民间流传千百年，至今仍然经常被用来安慰不幸者。只要你多加积累，满怀真诚，当朋友身遭不幸时适当表达，将关切送给你的朋友，你的朋友一定感触良多，你们的友情将更加清纯。

在聚会上活跃气氛的高招◀◀◀

在宴请活动中，人们都希望出现令人愉悦的场面，因而能够制造欢乐气氛的人最受欢迎。

毫无疑问，为了使聚会顺利、热烈地进行下去，真正达到增进关系和交流感情的目的，聚会的主人负有最大的责任。要想在聚会上营造活跃、热烈的气氛，主人一方面必须找到合适的话题，使大家在推杯换盏之余能够兴致盎然地畅谈，另一方面也要适当运用自己的语言技巧，使客人在良好的交谈氛围中如沐春风。以下方法可帮助你成为宴会上的活跃人物。

1. 夸张的赞美

对他人发出一番赞美之词，是宴会中的成功秘诀。老朋友、新同事见面后，不免介绍寒暄一番，这是个极好的活跃气氛的机会。借此发表一番"外交辞令"，把每个人的才能、成就、天赋、地位、特长等做一番夸张式的炫耀与渲染，可使朋友感到自己深深地为你所了解、所倾慕。尤其是利用这种方式把朋友推荐给第三者，谁也不会去计较其真实性，但你却张扬了朋友们最喜欢被张扬的内容。这种把人抬得极高但又没有虚伪、奉承之感的介绍，会立即使宴请气氛变得活跃起来。

法国总统戴高乐 1960 年访问美国时，在尼克松为他举行的一次宴会上，尼克松夫人费了很大劲布置了一个美观的鲜花展台，精明的戴高乐将军一眼就看出这是主人为了欢迎他而精心设计制作的，不禁脱口称赞道："女主人为举行一次正式的宴会要花很多时间来进行这么漂亮雅致的布置。"尼克松夫人听了十分高兴。事后，她说："大多数来访的大人物要么不加注意，要么不屑为此向女主人道谢，而他总是想到和讲到别人。"可见，一句简单道谢的话会带来多么好的效果。

2. 引发共鸣

成功的社交应是众人畅所欲言，各自都表现出最佳的才能，做出最精彩的表演，最忌一个人唱独角戏，大家当听众。为达到这一目的，就必须寻找能引起广泛共鸣的内容。有共同的感受，彼此间才可各抒己见，仁者见仁，智者见智，气氛才会热烈。所以，你若是宴会活动的主持人，一定要把活动的内容同参加者的好恶、他们最关心的话题和最擅长的拿手好戏等因素联系起来，以免出现冷场。

3. 制造有魅力的恶作剧

善意地有分寸地取笑、调笑朋友并不是坏事，双方自由自在地嬉戏，超脱习惯、道德，远离规则的限制，享受不受束缚的"自由"和解除规则的"轻松"，是极为惬意的事。恶作剧具有出人意料的效果，它起于幽默，导致欢笑。人们在捧腹大笑之际，会深深地感谢那个聪明的快乐制造者。

4. 寓庄于谐

寓庄于谐的交谈方式比较自由，在许多场合都可以使用。用风趣、诙谐的语言，同样可以表达较重要的内容。

5. 提出荒谬的问题并巧妙应答

生活中，总是一本正经的人会给人古板、单调、乏味的感觉。出席宴会与人交谈中，不时穿插一些朋友们意想不到的貌似荒谬而实则极有意义的问题，是很好的一种活跃气氛的方法。也许会有人时常问你一些荒谬的问题，如果你直斥对方荒谬，或不屑一顾，不仅会破坏交谈气氛、人际关系，而且会被人认为缺乏幽默感。学会提出引人发笑的荒谬问题并能巧妙应答，有助于良好宴会气氛的形成。

6. 适当贬抑自己

自我贬低、自我解嘲，这种战术是最高明的，往往是老练而自信的人才会运用。自我贬抑会收到欲扬先抑、欲擒先纵的效果。众人将在哄笑声中重新把你抬得很高。自我贬抑既可活跃气氛，又能博得他人好感。

7. 不妨"伤害"一下对方

经验证明，彼此毕恭毕敬未必就没有矛盾，而平日吵吵闹闹的夫妻可能会更亲热。朋友间也是如此，若心无芥蒂、毫无隔阂，开句玩笑，贬低一番对方，互相攻击几句，打几拳、给两脚，并不是坏事，反倒显得亲密无间。宴请活动中，心无戒备、偏见、不带恶意的攻击与伤害，会使朋友、同事更加无拘无束。诙谐、戏谑中的"君子风度"最能活跃气氛。

酒桌上的言语技巧◀◀◀

酒是感情的润滑剂。如何使它发挥最有利的功效，还在于自己如何运用酒桌说话的技巧。

好酒的人，很容易在酒桌上交到朋友，他们碰到一起，总是容易惺惺相惜，几杯酒下肚后，便会说相见恨晚，觉得与对方特投缘，朋友就这样产生了。俗话说，无酒不言商，许多大生意都搞定在酒桌上。生意场上有不少人借着酒精的刺激来促进彼此的往来，在我们周围也不乏原来滴酒不沾的人，在工作了多年之后变成了杯中高手。如果在酒席上坚持不喝酒的人，则会引起别人的反感，甚至觉得你不真诚，虚伪，心眼太多，不可交。

从古到今都流传着这样一句话："酒逢知己千杯少。"即使现在也是如此，彼此谈得来的人到一块老酒一喝，话密了，情自然就浓。酒杯对酒杯，心口对心口，滚烫的友情便挡也挡不住，友谊也随着酒的绵香而逐渐加深。

尤其是生意人早就已经习惯在酒席间谈生意，好像不喝点酒就没办法敞开胸怀说话似的。这种习惯其实并非中国人所特有的，外国人也是如此。

其实，喝酒只是一种形式，真正起作用的还是推杯换盏间溢美之词。只要你适当运用自己的口才，就能"喝"出名堂来。

（1）众欢同乐，切忌私语

大多数酒宴上宾客都较多，所以应尽量多谈论一些大部分人能够参与的话题，得到多数人的认同。因为每个人的兴趣爱好、知识面不同，所以话题尽量不要太偏，避免唯我独尊，天南海北，神侃无边，出现跑题现象，而忽略了众人。

特别是尽量不要与邻近的人贴耳小声私语，给别人一种神秘感，往往会使别人产生"就你俩好"的嫉妒心理，影响酒宴上的气氛。

（2）话语得当，诙谐幽默

酒桌上可以显示出一个人的才华、学识修养和交际风度，有时一句诙谐幽默的话语，会给别人留下很深的印象，使人无形中对你产生好感。所以，应该知道什么时候该说什么话，语言得当，并巧妙地运用你的诙谐幽默。这很关键。

（3）劝酒有度，切莫强求

在酒桌上往往会遇到劝酒的现象，有的人总喜欢把酒场当战场，想方设法让别人多喝几杯，认为不喝到量就是不实在。

"以酒论英雄"，对酒量大的人还可以，酒量小的可就犯难了，有时过分地劝酒，反而会伤害朋友间的感情。

（4）敬酒有序，主次分明

敬酒也是一门学问。一般情况下敬酒应以年龄大小、职位高低、宾主身份为序，敬酒前一定要充分考虑好敬酒的顺序，分清主次。即使与不熟悉的人在一起喝酒，也要先打听一下身份或留意别人如何称呼他，做到心中有数，避免出现尴尬的局面或伤了感情。敬酒时一定要把握好敬酒的顺序。有求于席上的某位客人，对他自然要倍加恭敬，但是要注意：如果在场有更高身份或年长的客人，则不应只对能帮你忙的人毕恭毕敬，也要先给尊者、长者敬酒，不然会使大家都很难为情。

（5）锋芒渐露，稳坐泰山

酒席宴上要看清场合，正确估价自己的实力，不要太冲动，尽量保留一些酒力并注意说话的分寸，既不让别人小看自己，又不要过分地表露自身，选择适当的机会逐渐露出自己的锋芒，才能稳坐泰山，不致让别人产生"就这点能力"的想法，从而使大家不敢低估你的实力。

在酒桌上交友办事要把握好分寸，只要言语到位，再配上适当的酒量，要办的事自然能够办好。

送礼时要选择恰当的语言◀◀◀

礼多人不怪，恰当的语言使送礼显得更自然。

送礼时特别要讲究语言的表达，平和友善、落落大方的动作配合着得体的语言表达，才能使受礼方乐于接受礼物。那种做贼似的悄悄将礼品置于桌下或房间的某个角落，不仅达不到馈赠的目的，甚至会适得其反。

一般来说，在呈上礼物时，送礼者应站着，双手把礼品递送到受礼人手中，并说上一句得体的话。

送礼时的寒暄一般应与送礼的目的吻合，如送生日礼物时说一句"祝您生日快乐"，送结婚礼物时说一句"祝两位百年好合"，拜年送礼时可说一句"新年好"。

送礼时，有人喜欢强调自己礼品的微薄，如"区区薄礼，不成敬意，请笑纳""这是我们的一点小心意，请收下"。其实，这种时候你完全可以说出自己在礼品上所花的心思，以表示自己的诚意，如"这是我特意为您挑选的"。

一般而言，送礼运用谦和得体的语言，会营造一种祥和的气氛，无形中增加相互间的友谊。但过分地谦虚最好避免，如"微薄""不成敬意"或"很对不起"等，这可能会引起对方的轻视。

当然，如果在赠送时以一种近乎骄傲的口吻说："这可是很贵重的东西！"这也不合适。在对所赠送的礼品进行介绍时，应该强调自己对受赠一方所怀有的好感与情义，而不是强调礼品的实际价值。否则，就会给人你重礼轻义的印象，甚至会让对方觉得你是在炫耀，这样，好端端的情义礼品，反被你的一番话给糟蹋了，那岂不冤枉？

有些人到对方家中拜访直到要离开时，才想起该送的礼品，在门口拿出礼品时，受礼人却因为谦逊、客套而不肯接受，此时在门口推推扯扯，颇为狼狈。

避免这种情况的办法是：进到大门，寒暄几句就奉上礼品，这样就不会出现因为对方客套而不收礼的尴尬情形。如果错过了在门口送礼的时机，不妨等坐定后，在受礼人倒茶的时候送。此时，不仅不会打断原来谈话的兴头，反而还可增加一些话题。

　　拒绝收礼通常是不被允许的，除非所送礼物违反了礼貌的规定。出现这种情况时，受礼者应当委婉而又坚决地拒绝收礼，如果送礼者不知道自己错在哪里，应当向他暗示一下礼物不妥的原因。

　　这时，馈赠者不要太勉强，也不要动怒，更不要随口说一些不恰当的话，以免恶化双方的关系。正确的做法是，送礼者稍做解释或表示歉意后，把礼品带走。然后，分析一下受礼者拒收的原因，之后再采取相应的行动，不失为一种良策。正视拒收、处理得当，照样可以建立起良好的人际关系。

　　所以，在求人办事时，一定要选择恰当的语言送出你的礼物，不恰当的语言不仅于"事"无补，还会影响彼此的关系。

第 11 章

尊重为先：互相尊重的口才智慧

俗话说：你敬人一尺，人敬你一丈。每一个人都有自尊，每一个人都有被尊重的需要，因此，与人进行沟通交流，必须把别人放在心上，处处以尊重为先，把别人的自尊放在第一位，做到善解人意，保全和维护别人的面子，这样你就能够获取别人的认同，你的意见也会被别人所接受，你的人生之路就会越走越广。

口才智慧

从心里对人敬重◀◀◀

要想多结交一些朋友，就必须对他人产生有效的影响力。最有把握的一个方法，就是设法让对方明白，你从心里对他敬重。

不懂敬重而伤害别人的自尊，无疑是人际纠纷和矛盾产生的最主要原因。威尔逊总统最后之所以在事业上遭到惨重的失败，就被归因于犯下了两个不可饶恕的错误，从而无可挽回地挫伤了支持者们的自尊心，使他们倒向了自己的对立面。

1918 年 11 月，第一次世界大战的休战条约在威尔逊总统的主持下签署了，他也因此成为世界瞩目的伟大领袖。国内的共和党和民主党一致支持和拥护他，而国际上，他倡议下的国际联盟正在积极地筹备，美国在其中扮演领导角色似乎只是个时间问题。

然而，就在休战条约签署前几日，威尔逊犯下了第一个大错：个人声望急剧膨胀的他，头脑发热，准备滥用民众的信任。他签发了一封愚蠢的信，要求在议会席位的选举中，选民只能投民主党议员的票。这极大地打击了那些忠诚地拥护他的共和党人，也给了想要攻击他的人以口实。结果，他的这道命令反而使共和党在上议院中获得了多数席位。紧接着，威尔逊又犯下了第二个致命的错误：他不听从朋友的劝告，在战后和平委员会里没有安排哪怕是一个上议院的议员，以及有号召力的共和党人。

威尔逊的做法，不仅激怒了统治上议院的共和党，连许多上议院里的民主党议员都开始反对他了。要知道，上议院有着非常大的权限，威尔逊希望通过的条约必须经过上议院的批准才能生效。威尔逊差不多是自己点燃了一把使自己崩溃的烈火。当威尔逊得意洋洋地从巴黎和会回来的时候，暴怒的敌人早已在那里恭候他了。他组织的国际联盟被否决，美国宣布退出国联；他主持签署的《凡尔赛和约》同样惨遭否决。

转瞬之间，威尔逊苦心经营的事业毁于一旦，而他的事业，竟完全毁在自己所制造出来的敌人手中。威尔逊犯下了任何一个领袖人物都应当避免的致命错误：那就是伤害别人的自尊心。

威尔逊的失败说明他不是一位称职的领袖。伟大的领袖人物之所以能够拥有巨大的权力，使千百万人都成为他忠心的效命者，大都是因为他能够使别人感觉到他们自身的重要性。

由此可见，伤害了朋友们的"自尊心"，足以使朋友反目成仇。那么，如果满足了对方的"自尊心"，又会怎么样呢？布吉斯说过这样一件关于美国总统麦金利的趣事。在美国与西班牙的战争爆发之前，他在华盛顿的宾夕法尼亚街上碰到了一位著名的国会议员。那位议员刚从白宫出来，迈着大步，帽子稍微向左边斜了一点，很欢快地挥着手杖，脸上带着温和的微笑。布吉斯上前向他打了个招呼："今天你似乎很高兴。"议员神采飞扬地说："不错，朋友，确实如此。我刚才在白宫里见到总统了。他用手臂勾着我的肩膀对我说道：'老兄，这次要打胜仗，全得靠你的帮忙了。'你看，他还要仰仗我呢！不错，我从前曾经在许多事情上反对过他，但是现在，我要拥护他了。"

布吉斯说："和他聊了几句后我们就分手了。我心里对麦金利总统结交朋友的本领真是无比佩服。我知道总统同样还'仰仗'着别人，也取得了同样的效果，这使得大家一起帮助他获得了很多的胜利。"

确实，很少有人能比麦金利总统更懂得如何去获得别人的友谊与合作了。下面是敬重或尊重他人的方法：

（1）诚恳地请教他人，无疑是对他们最好的恭维

应该注意到，当你请一个人贡献他们的意见的时候，这个人一定会很容易对你产生好感：这就是使别人感觉到自己具有重要性的最简单的方法。我们不需要像政治家那样，不厌其烦地将这种礼仪不断地表示给我们所希望合作的人，日常生活中，就对方感兴趣的问题向他请教，并与之共同商量解决的办法，就能很容易地获得他人的好感了。

当实业界大亨法夸尔还是个刚刚从乡下来的名不见经传的青年的时候，他就是应用了这种策略，获得了与当时纽约最有势力的人物见面的机会。

首先，法夸尔想方设法进入了雅各布·阿斯特的办公室。对这位鼎鼎有名的人物，他只说了这样一句话："我想请教您一下，如何才能成为像您一样的百万富翁呢？"

这句话听起来似乎不着边际，但体现的是法夸尔对人性敏锐的洞察力，他明白，什么样的话能体现"敬重"。果然，阿斯特听了此话之后，又诧异又高兴，不仅耐心地和他聊了起来，还把他介绍给当时许多的著名人物，如菲什、斯图尔

特、贝内特等。靠着这种洞察力，法夸尔最终也成为了百万富翁俱乐部中的一员。

很多有才干的人都会采取类似法夸尔的策略。我们常常可以看到，他们会就一些问题很诚恳地向别人请教，询问他们的意见，夸奖他们的才智，使他们真正感觉到受到了恭维。

"即使是一个外行，当他来向你提出一个建议的时候，哪怕这是一个很不中用的建议，也得鼓励他几句。"这是约翰·沃纳梅克关于对待职员的著名格言中的一条。在确保他手下职员的忠诚和热心方面，这确实不失为一种最有效的方法。

那些聪明的人，都会想办法让别人觉得他很愿意听取他们的意见，并按照他们的意见来行事。只要有可能，他们更愿意使自己的计划看起来似乎就是别人提出来的，而丝毫不会表示这些意见其实就是他自己的。

(2) 向他人表达诚挚的欢迎

还有一个比上述策略更为简单的，能让别人的自尊心得到满足的方法，然而，它却常常被我们忽略，那就是向别人表示诚挚的欢迎。

生活中，对于那些见到我们就会表现出发自内心高兴的情感的人，我们该对他感到多么亲切啊！反之，如果对方以一种淡漠、随便的态度来招呼我们，又怎能不令我们感到失望、无趣！然而就是我们自己，在和别人相遇时，不也常常会忽略向别人表达出我们的喜悦之情吗？

早在伏克兰的事业刚刚开始时，他就发现了这种策略的神奇效果。当他还是一个年轻的车床工时，他在一次纠纷中败诉，法庭裁决他必须偿还四万美元的债务。当他沮丧地离开时，一个名叫希林的犹太衣料商主动找到他，提出为他偿付这笔为数不小的债务。喜出望外的伏克兰自然答应了，但他感到不可思议的是，这个人与他的关系仅仅只是认识而已。于是，伏克兰便问他肯帮助自己的原因。希林的理由很简单，他说，这只不过因为伏克兰是整个城里，在街上愿意主动与他很亲热地打招呼的几个人中的一个。

无论我们用什么方法去让人家感到他自己的重要性，根本的道理其实都是一样的：表示我们对他们的在意，对他们的事情真正感兴趣。

其实很多时候，一些更为简单的、非常自然的小举动，比如一个诚挚的招呼、一次会心的微笑，或者只是使人家知道你信任、欣赏他们，就足以使他们的好感完全倾向于自己。

良言一句三冬暖◀◀◀

人都是有自尊的，渴望获得他人的尊重。

林肯有次批评他的女秘书："你这件衣服很漂亮，你真是一个迷人的小姐。只是我希望你打印文件时注意一下标点符号，让你打的文件像你一样可爱。"女秘书对这次批评印象非常深刻，从此打印文件很少出错。

林肯身为美国总统，可算是世界上最有权势的人之一了，说话如此委婉、客气，是他好修养、好气度的体现。假如他换一种盛气凌人的口吻呵斥："你怎么工作的。连标点符号都搞不清楚，亏你还是大学生呢。"只能让对方反感，反而达不到纠正对方错误的目的。

说话是一门艺术，这毋庸置疑。所谓"良言一句三冬暖，恶语伤人六月寒"，有很多人说的话，立足点和出发点本来是不错的，但由于说话时不尊重对方，因而导致无谓的误解和争端。

在社会阶层或在一个团队中，只有收入高低、分工不同的区别，但绝对没有人格的贵贱之分。扪心自问，我需要别人的理解和尊重吗？同样，这也正是别人都需要的。聪明的人就要先理解和尊重别人。

俗话说，人的心灵就像花朵：开放时会承受柔润的露珠；闭合时会抵御狂风暴雨。假如我们在规劝别人，实际上就是让他的心灵开放。但是，被规劝的人往往用闭合来抵御我们的语言，因为他并不知道我们送的是雨露，而知道怎样保护他的自尊心。所以，要想不损伤他的自尊心，尊重别人是至关重要的一点。一般来讲，我们规劝别人很容易使自己站在比别人高的位置上。而本质上，也确实比别人高，因为你自己觉得比别人的观点正确，这才能劝人；如果觉得比别人低，那就表明你观点不正确，或者对自己的观点不自信，那还去劝什么人呢？因此，劝人的人实际上的位置应该是高的，但这种高，在劝人时是不能表现出来的，只能摆在和被劝人平等的位置上，这不是虚伪，而是方法上的需要。只有当被劝人觉得你尊重他了，设身处地地在为他着想，他才能认真考虑你说的话，才能把心扉打开，才有可能达到劝说的目的。

要善于理解他人◀◀◀

我们必须在心中架起一座"理解之桥"，一座人与人之间互相体谅、互相沟通之桥，因为，宽容和理解是一个人的高尚情操。

A 先生和 B 先生一同上班。A 先生掏出 10 美元要买一份报纸，谁知道报亭老板说："不要想买份报纸，就让我给你换零钱。"

A 先生自然是满腹不高兴，因为他已经碰到好几次这样的情况了，于是喋喋不休地诉说报亭老板不近人情。

同行的 B 先生见到这种情况说："把 10 美元给我，看我的。"

A 先生将信将疑地把 10 美元给了 B 先生，B 先生对报亭老板说："我是来纽约办事的外地人，我想看看今天的《纽约时报》，但我没有更小的面额了，最小的也是 10 美元，我知道你现在很忙，可能没时间给我换零钱。"

"你先拿去吧，我确实没时间给你换这么大面值的钱，你也看到了，早上的这时候总是很忙，你下次经过这边的时候再给我吧。祝您在纽约玩得愉快！"

于是 B 先生得到了 A 先生得不到的报纸，还没花钱。

大家也都看到了，实话说碰到这种情形我也会觉得这个老板有问题，怎么这么做生意的，不卖就算了，还这么粗鲁。但 B 先生不一样，他用他的理解，设身处地地为店老板着想，最终达到目的，可以说是用他的理解表达了他的需求，也是他的理解，才让老板满足了他的需求。

在现实中有各式各样的桥，小溪流上有小巧玲珑的石板桥，河道上有横跨两岸的大桥，城市里有宏伟壮观的立交桥……除此之外，还有象征性的桥，这就是"理解之桥"。

理解之桥，就是沟通人与人心灵的桥，是化解人与人之间的许许多多隔阂、误解、矛盾甚至仇恨的桥。有了这座桥，人们就会生活在崇德崇义、和睦相处的美好世界里。假如没有理解之桥，那么，人世间将会出现许多遗憾和不幸。

当人的情绪不好时，因缺乏理智，往往容易误解别人，给他人以心理上的伤害。这样，就很容易发生矛盾冲突，造成严重的后果。有这样一个故事：小明把带去交学费的钱丢了，却误会同桌偷了他的钱，把同桌气得暴跳如雷，想狠狠地揍他一顿。可是同桌转念一想，这样做会伤害同学之间的感情，于是，他心平气和地向小明解释，并帮他找回了丢失的钱，使小明十分感动，连连向同桌道歉。试想，假如当时同桌没能克制自己，理解小明着急的心情，而是采用极端的手段，那么，后果将不堪设想，两人的矛盾也不可能得到化解。

对能相互理解的人，也许理解容易些，但若不是这样，要做到理解就很难。人人都渴望被人理解，而做到理解别人总是比较难，总想应该别人先理解我的。殊不知，如果人人这样，就会觉得别人都是不可理喻的，就会变得人人都以自我为中心。

理解是什么？理解是关心；理解是关爱；理解是互相帮助；理解是太阳，它可以照亮你，照亮我；理解是火焰，它可以燃烧自己，燃烧整个世界！

一花一世界，一叶一菩提。每个人都有自己的思维，都有自己的看法，要明白条条大路通罗马的含义，不把自己的想法强加于人，也不要轻易地被别人左右，不是有句名言"走自己的路，让别人说去"吗？多理解别人，多了解自己，做一个善良的人，做一个快乐的人。

其实，人与人之间的交流就是这样，既简单又复杂，关键是你决定如何交流。你在渴望别人理解你的时候，别人也在渴望着你去理解他。理解是跨越彼此的桥梁，理解是真诚的，理解是相互的，人们在交往中有了相互理解，感情才会长久，如果我们都能理解他人，世界将会变得更加美丽！

善于表达自己的虚心◀◀◀

古人讲"满招损，谦受益"。谦虚是一种美德，是一个人涵养的外化。古往今来，人们给予它以崇高的赞美。

谦虚之所以受到尊崇，就因为它是做人的美德及事业成功的法宝，但是，在现实生活中，谦虚也并非想做就能做到，有的人得到领导的表扬、同事的夸奖，内心里着实想谦虚一番，却寻找不到适当的表达方法。要么手足无措，面红耳赤，支支吾吾，要么说一些"归功于集体、归功于人民"的套话听起来让人觉得虚假。

那么，在社交场合，不同的时间，不同的环境，不同的氛围，如何用不同的方式表达自己的谦虚，才能给人留下一个良好的印象呢？

转移对象。如果表扬或赞美使你感到在众人面前窘迫的话，你不妨想办法转移人们的注意力，使自己巧妙地"脱身"，把表扬或赞美的对象"嫁接"到别人的身上，但要有所依据，不然也会显得空和假。

妙设喻体。直言谦虚，固然可取，但弄不好会给人一种虚假的感觉。特别是两个人之间，如果仅仅说"你比我强多了"这类话，容易有嘲讽之嫌。遇到这种情形，你不妨用一个比喻方式，巧妙地表达自己的谦虚。

自轻成绩。任何称赞和夸奖，都不可能毫无缘由，或者因为某件事，或者因为某方面的成绩。这时你不妨像绘画一样，轻描淡写地勾勒一笔，却在淡泊之中见神奇。

相对肯定。面对别人的称赞，如果把自己说得一无是处，不但起不到谦虚的作用，反倒给人一种傲慢的感觉。正如俗话所说："过分的谦虚等于骄傲。"现实生活中，类似这样的情况屡见不鲜。所以，谦虚要掌握一定的分寸。

征求批评。面对人们的赞美，诚恳地征求大家的批评，这是表现你谦虚精神的一种最有效的方法。但要注意适当适度，不然虚心也就变成了虚假。

我们在社交生活中，可以根据不同的场合、不同的环境、不同的交际对象，去不断创造自我，虚心学习。

只要虚心而诚挚，努力追求谦虚的品格，在谈话时保持平和坦诚的态度，尊重对方，就一定会成为一个受人敬重的人，说话的分量也会相应增大。

充分考虑对方的立场◀◀◀

要让谈话成为融洽双方感情的润滑剂，不要成为伤害双方的双刃剑。

语言可以沟通人们之间的想法，也能伤害对方的自尊心，说话的一方往往觉得无所谓，但是，往往因自己用词不当刺伤了对方的自尊心，进而使双方关系恶化。上述情况在我们日常生活中经常发生。

说话的一方虽无恶意，但对方却有受侮辱、被讽刺和被取笑的感觉，这主要是因为说话的一方在说话时欠考虑，没有注意到措辞，上述情况对于推销人员来说尤其重要。当对方说话之前，一定要自始至终做好应对的准备："我要怎么说才能不伤害对方的自尊心呢？"例如：

您到一家商店访问，当时这家商店没有顾客上门，在这种情况下如果开玩笑说："哎呀。怎么安静得好像是要倒闭似的。"或是："这里闹过鬼了吧。怎么一个活人也看不见？"虽说是开玩笑，但对方听起来就会很不舒服，言下之意是您要他的店早点关门，那人家怎么喜欢你呢？

这时候，您最好说："难得有空呀。我看下午顾客就会很多吧，到时候有您忙的！"如果是上午去，然后一边说一边看看对方的反应如何。

不仅对客户、对顾客、对不熟悉的人要如此，即使对朋友说话也要注意，譬如觉得对方脸色不好就说："怎么看起来像个死人。"

如果对方身体没有毛病，精神也很好，一听这话就会感到不舒服，尽管是关心他及出于善意，但效果却恰恰相反，对方心里也许会琢磨："这家伙真不是东西，想盼我早死啊。"

在这种场合你可以先说："您好吗？近来身体怎么样？"

对方如果不回答说"很好，托您的福"，而是说"最近身体不大舒服"时，你可以说："要好好保重……"

这才是会体谅人的说法。所以必须学会考虑对方的处境，不要有站在自己的立场上信口开河的坏习惯。

保护好别人的面子◀◀◀

人与人相处方式很多，聪明人不会把事情做绝，都会给对方留有余地，给对方保留面子。

不给别人台阶下、得理不饶人，不留情面，如此种种，估计谁都不会对这样的人有好感。人人都爱惜自己的面子，"面子"是人际交往的"雷区"，不能去碰，否则，什么事情都可能发生！

著名诗人陆游曾给他的好朋友辛弃疾写过一首送行诗，结尾两句是这样的："深仇积愤在逆胡，不用追思霸亭夜。"这两句话的大概意思是，希望辛弃疾能胸怀宽广，不要去计较个人之间的恩怨，为国家效力。其中"不用追思霸亭夜"一句里涉及一个典故，说的是汉朝李广当年的小气行为。李广有一段时期被罢官闲居在家，闲来无事就经常在晚上与人到乡间饮酒。有一次，喝酒过后，夜里回家时经过守护霸陵的亭驿，被守霸陵的官员呵止，不让通过。本来这件事是可以网开一面的，但事有凑巧，守霸陵的官员偏偏在那天喝醉了，非要按章办事，还对李广出言不逊："在任的将军尚不能犯夜行路，何况是你还是个被罢了官的！"于是，便勒令李广停宿在驿亭中。李广从此对此人怀恨在心。

后来，匈奴又来侵犯中原边境，李广又被重用，带军反击匈奴。掌了权的李广仍然对当时不给自己留情面的官员耿耿于怀，于是找了个机会把他给杀了。这种公报私仇的举动固然表明了李广气量狭隘，但是从那位被害官员的角度来说，他正是犯了"不给人面子"的大忌讳。如果他能够了解到面子对一个人的重要性的话，相信他不至于沦落到被杀的地步。

由此可见，保留他人的面子，这是何等重要的问题！然而，很遗憾的是，我们却很少会考虑到这个问题，在与人相处时，我们只图一时的痛快，为了表明自己的"骁勇善战"，将对方奚落得体无完肤，而毫不考虑对方的面子。其实，凡事只要多考虑几分钟，讲几句关心他人的话，为他人设身处地想一下，就可以避免许多不愉快。

《圣经》中有句话："你希望别人怎样对待你，你就应该怎样对待别人。"真正有远见的人会在与人交往中为自己积累"人缘"，同时也会给对方留有相当大的回旋余地。给别人留面子，其实就是给自己挣面子。言谈交往中少用一些负面色彩太强烈的语言，而适当多用一些"也许""试试看"这些感情色彩不强烈的中性词，以便自己给自己留余地。

小丁和杨子几天前还是很要好的朋友，可现在的关系却非常紧张，到了决裂的边缘。但是谁也想不到的是，这两个曾经形影相随的好哥们儿之所以走到这一步，起因仅仅是因为一枚纽扣而已！杨子上个星期买了一套非常满意的西服，穿了不到两天就丢了一枚关键部位的纽扣。一日，他无意间发现挂在洗手间里的一位清洁工的工作服上的扣子，和自己丢了的几乎一模一样，遂乘人不备悄悄地扯下了一粒，打算缝到自己的衣服上，还得意地将这件事情告诉了小丁。没想到第二天，同事们都知道了杨子的这个笑料，因为小丁在大庭广众之下拿这件事跟杨子开玩笑，所有在场的同事都笑作一团，而杨子也终因丢了面子而恼羞成怒，也大揭小丁的许多"老底"，于是，两人越闹越僵，以致成了现在这个样子。

人人都有自尊心和虚荣感，保护好别人的面子，就会赢得别人的信任和好感，而不给别人留面子，说话刻薄的人会因此而失去了朋友，甚至闹得双方当面撕破脸皮，导致一些本不该出现的问题。

给他人一个台阶下◀◀◀

我们每个人都是个性很强的独立体，给别人一个台阶下，这是一朵无形的玫瑰，但却同样能留下芬芳。

生活中很容易遇到一些难缠的事，我们在寻求摆脱时，应该学会多为对方考虑，这样既给人方便，又巧妙表达自己的意见，给双方都保留圆融的余地。当你很尊重别人的时候，人家还你以同样的尊重。

一位丈夫请妻子到餐馆吃生日餐，有道菜是"蚂蚁上树"。可端来的菜盘里只有粉丝不见肉末。妻子故作不知。问服务小姐："服务员，这道菜叫什么？"服务小姐仔细一看。不好意思地回答："蚂蚁上树。""怪了，怎么只见树不见蚂蚁？"妻子有些得理不饶人。面对一声高过一声的质问，服务小姐十分窘迫。丈夫见状，马上接过话来："老婆，大概蚂蚁太累了，还没爬上来。服务员，麻烦你给老板说一声，赶紧给我们换一盘爬得快的蚂蚁。要知道时间就是生命呀。"服务小姐如释重负，赶紧为他们换了一盘名副其实的"蚂蚁上树"。这位丈夫真是善解人意，他的话幽默风趣而又大度，既缓解了紧张的气氛，又让双方都找到了体面下台的契机。妻子听了他的话，会心地展颜一笑；服务小姐呢，则带着感激的心情，想办法补偿过失。这样机智处理问题的人，才是睿智成熟的交际高手。

每个人都有强烈的自尊心和虚荣心，都会注意自己社交形象的塑造。在这种心态的支配下，如果让人下不了台，他会对你产生比平时更为强烈的反感。同样，因为你为他提供了"台阶"，使他保住了面子、维护了自尊，他会对你更为感激，产生更强烈的好感。你给了别人尊重，就会获得加倍的收获。

让人下不了台的事大多发生在人们料想不到的时候，但是，只要能及时转换角度，巧说妙解，不但能给自己找个台阶，甚至能给生活增添某种乐趣。有一对夫妻因小事争执不下，在家吵闹不休。正当妻子向丈夫做狮吼状时，有一对朋友来访，丈夫尴尬得无地自容。好在妻子也顾及丈夫的面子，看朋友到来连忙改变口气。但对丈夫来说，终究一时无法从窘境中摆脱。朋友见状，笑着说："听你俩交流还挺热烈，我来的可真不是时候啊！"此话一出，其妻先红了脸，无语离去。其丈夫马上调侃地对朋友说："打是亲、骂是爱，我们刚才是在打情骂俏呢！别看她刚才那么凶，其实正表示她对我的关心，不信你问她。"这时，他妻子从里屋出来也与朋友打哈哈，争吵便化为云烟。

一位顾客去西装店退西装。售货员发现西装有洗过的痕迹，但她没有揭穿，而是给顾客寻求了一条免于难堪的退路。她说："可能您家人不小心搞错了，把这西装送去洗了。我也有类似的情况，有一次，我外出时洗衣店的人来了，我丈夫稀里糊涂地把一大堆衣服让人抱走了。和您一样，不是吗？您看，您的衣服上面有洗过的痕迹。"顾客听了无话可说，大概心里倒有些感激这位售货员。

这位售货员的心是善良的，因为她懂得给人一个台阶。在生活中，谁都可能有错误和失误，谁也有可能陷入尴尬的境地。因而，在指出别人错误的时候给人搭一个台阶，是为人处世时与人为善的重要表现之一。

给人一个台阶，最能显示出一个人的良好修养。只有襟怀坦荡、关心他人的人，才会时刻牢记给人一个台阶。在受到伤害时，许多人都会与对方针锋相对地吵闹一番，这样只会两败俱伤。

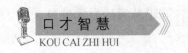

把别人自尊放在第一位◀◀◀

别人也许真的错了，但他们自己并不这么认为。或者，他虽然明知错了，也希望得到足够的尊重。所以，别去指责他们，因为那是愚人的做法。尝试着去理解他们，只有真正智慧、宽容的人才能做到这一点。

一个人犯错误，往往不是因为他不知道是在犯错误，而是因为他想犯错误。宣传教育对于想犯错误的人基本无效。防止犯错的方法有两种：一种是让人不敢犯错，一种是让人不想犯错。前者是强制手段，见效快而难服人心；后者是沟通艺术，见效较慢而作用力持久。要想让一个人对自己的行为真正负责，依赖于他的自尊和良知的觉醒。那么，首先要设法帮他保住面子，以免他自暴自弃。

有一种人，脾气粗野狂暴，不管什么事都能搞得像滔天大罪那样不可饶恕。他们这样做并不是出于一时的狂怒，而是源于他们自己的禀性。他们谴责每一个人，要么为这个人做过的某件事，要么为他将做的某件事。这暴露出一种比残忍还要可恶的性情，这种性情才真是糟糕透顶。他们是如此夸张地非难别人以至于他们能把别人原本是芝麻大小的一个问题渲染得像西瓜那样大，并借此将其全盘否定。他们是不通人情的工头，能把天堂糟践成牢房。盛怒之下，他们把一切都推到极端。

这样做有什么好处呢？别人丢了面子，而他得到了怨恨。

有智慧的人绝不如此处理问题，他把别人的自尊放在第一位，然后才设法将事情导向好的方面。

当一个人犯了错误时，往往能找到上百个理由为自己辩护，其中一个最常用的理由是："换了是你，不见得比我做得更好。"当一个人心里有了这种想法，你说得再多，他也不会心悦诚服。这时候，最有效的说服是言传身教，把你要求他做好的事做给他看。

日本大企业家、三洋公司创始人井植薰，喜欢遵守规则又敬业的员工。而他本人也绝对遵守公司的各项规章制度并且勤奋敬业，决不因为自己是老板而打半分折扣。比如，他每天早上 7 点，准时到达公司，准确率比闹钟还高，而且几十年如一日，若非出差，绝无误差。他本人如此律己，所以他公司几乎没有一个不勤奋敬业而遵守规章的员工。

比尔·盖茨欣赏聪明而干劲十足的员工，但他没有每天安逸地躺在床上，逼员工加班加点干活。在创业的最初十几年，他跟普通员工一样，每天工作16个小时，累了就往地板上一躺，睡上一觉，睡醒了爬起来接着干。

一个人能做到他提倡的事，比他唠唠叨叨说一万遍更有说服力。

有的人并无意伤人面子，只是说话时表达不当，造成了实际伤害的效果。

比如，有些领导提倡"在总结成绩的基础上找差距"这种批评方式，目的就是为了照顾下属的面子，效果却不见得好。

比如，老板对一个业绩不佳的员工说："我对你的工作表现非常满意，但是如果你能在工作方法上注意一点，业绩肯定会提高。"

员工开始会觉得受到了鼓励，直到他听到"但是"两个字。他很可能因此而对最初的表扬产生怀疑，对他来说，这个表扬也许只是后面批评的引子而已，可信性遭到质疑。

如果老板这样说："我对你的工作表现很满意，而且你的进步也很明显，说明你在这方面有潜质。如果在工作方法上做一些改进，我相信你的进步会更快。"

这样员工便不会感到批评的暗示，同时也能够受到鼓励，并尽力做得像老板期待的那样好。

有的人把自己的面子看得贵如金，却把别人的面子看得贱如纸。他们为了自显高明，无视他人尊严，甚至将对方逼到非反抗不可的地步。其结果，也不过自取其辱罢了。

素来以傲慢无礼、举止粗鲁而闻名于世的赫鲁晓夫就曾尝到过伤人面子的苦头。1957年，美苏首脑举行会谈，美国副总统尼克松应邀出访苏联。在此之前，美国国会通过了一项《关于被奴役国家的决议》。这一决议受到苏联最高领导人赫鲁晓夫的激烈抨击，本来他可以采取其他比较得体的方式表达自己的看法，但赫鲁晓夫却选择了一个既有失身份，又伤人尊严的方式。在美苏首脑会谈中，他指着尼克松吼叫着："这项决议很臭，臭得像马刚拉的屎！没有什么东西比那玩意儿更臭了！"

在这种关系到国家和民族尊严的场合，尼克松当然也不会示弱，他知道赫鲁晓夫年轻时曾当过猪倌，就慢条斯理、一字一句地说："恐怕主席先生说错了，还有一样东西比马粪更臭，那就是猪粪。"

赫鲁晓夫不禁一时语塞，尽管他是一个很有自制力的领导人，也不免羞得满

脸通红。

在人际交往中，只要维持住双方的面子，则一切争端都有回旋余地；一旦撕破面皮，就极可能转入火星四溅、双方都无力控制的局面。为了自己的面子，不给别人留余地，绝对是在做蠢事。

此外，在人际交往中，由于知识缺陷，每一个人都会说蠢话、做蠢事；由于价值观不同，每个人都有自己的偏见。看见别人说蠢话、做蠢事时，或者坚持自己的偏见时，为了保住他的面子，最好是给他一个"台阶"下，这对于维持双方的关系是非常重要的。

批评他人时要点到为止◀◀◀

批评是最容易的，因为说的都是别人的错误。批评也是最难的，因为让别人虚心接受错误不是一件容易的事。

在生活和工作中，无论是孩子、朋友、下属还是同事，他们总会做出一些错误的事情，这个时候我们免不了要批评或者规劝他们，但是如果批评的时候说的话不到位不但起不到教育和规劝的目的，反而会适得其反，增加他人的反感。因此，我们有必要了解和掌握其中的说话技巧。

1. 批评孩子要点到为止

很多父母都不愿意当面称赞孩子，恐怕会宠坏他。如果我们不是衷心称赞孩子，只是胡乱称赞一番，那么就确实有宠坏的可能。很多家长常常说："疼孩子疼在心里，不要疼在嘴上。"这是怕造成孩子自满和骄傲的心理，以后他就不再求上进。而事实上合理的称赞对于孩子的成长是有利的。

称赞如土壤中的肥料、食物中的维他命，可以给孩子很大的鼓励，使他们雄心勃勃。百尺竿头更进一步。父母给孩子的赞扬比任何人的都重要，因为父母是孩子最亲切的人，所以一言一语都发生很大的作用。称赞比责骂有效，父母们不妨慷慨地称赞自己的孩子。称赞还有另一个作用，就是告诉孩子这是达到了期望中的水准。

当然，为了纠正孩子的错误，指导孩子去做应该做的事情，有时批评孩子是必要的，只是要特别小心，在言语和态度上都要谨慎，千万不可用讽刺或嘲笑的言语，免得引起孩子的反感和难堪，使之产生自卫和反抗的心理。批评孩子的时候可以直接指出错误的地方，然后提出改正的方法，使孩子明白应该走的路和应该做的事。如果孩子付出了努力，尝试去改过，就算不能立即生效，做父母的也不必气馁，可以从旁鼓励，告诉孩子他的努力不会白费。

另外，批评孩子要注意选择适当的时候和地点。随着长大，孩子越发注重自己的思想和自尊。所以，在大庭广众或当着亲友面批评孩子实在会让孩子太难为情了，不论出发点是如何良善，所指出的地方如何合理，在这种情形下孩子也难以接受。

2. 批评朋友要点到为止

很多人都有这样一种观念，对朋友赞美就好了，批评会伤害了感情。而实际上，当你觉得朋友做事不恰当的时候，对他的批评，好朋友是不会见怪的。至少他知道你是善意的。当然，对于朋友的批评还是要掌握一些技巧，才能让人家愿意接受。这就要求我们在和朋友的相处中做一个善于批评的角色。

批评要与赞美相结合。适度的批评之后，对于其优点别忘了加上几句称赞的话，才不会损坏彼此的情谊。"以理服人"是对的，但道理有时并不容易被直接接受，甚至会让对方产生反感，尽管在反感时他内心并不一定认为道理错了。

善于批评者还要争取让对方心服口服，这就需要一定的技巧了。有时批评者往往认为自己是好心，但如果话中带有了威胁，效果就难以达到，甚至会给双方关系造成不良影响。

善于批评者会让对方感到仿佛不是在批评自己，倒像自己劝说自己，就容易被对方接受。善于批评者语言中应避开"你应该""你必须"之类的词，多用讨论的口气，避免对方的反感，在任何"强攻"都难奏效时，还不如暂停。

批评的目的是让对方接受自己的意见。光是理由充足不行，还要掌握对方的心理特点，对不同性格的人应使用不同的方法，因人而异。

看到朋友有缺点不指正是不真诚，而批评别人不讲究方法就真会伤害感情了，只有讲究技巧地批评才称得上真正的好朋友。

3. 批评下属要点到为止

上司对于下属的批评可能挫伤下属的自尊，但是若想保证工作质量，批评仍不可避免。有一种做法错误至极：问题初始时对他视若无睹，而待某日心血来潮才处处责难。这种首尾不一致的做法，很难令下属心悦诚服地改过。况且，此时也多半到了忍无可忍、不得不纠正的时候，说话时难免会像连珠炮似的啰嗦没完，似乎要将满腔郁积已久的数落之词一吐而尽。

因此，只要下属做出不当之行，就该刻不容缓地对他言明"此事不当，实不该为"，这才是对他亲切的表示。另外，机巧地对他适时提出警告，也是可行的方法。

有许多上级主管，常是基于"顺便代劳"的心态，代替下属做他所应当完成之事。此种体恤下属的作风，原是无可厚非的，然而，长久如此，下属们不仅会失去原有的感戴之心，甚至会反过来支使你。他们常会如此说："你啊！你是否要到办公室去呀？麻烦你顺便将我把这份文件带去好吗？真谢谢你了！"他甚至还会说道："麻烦你要去总公司之前预先通知我一声，我想麻烦你带一件东西过去，不然，让我自己跑一趟，就得多费一道程序了！"

当然，这种观点或许于公司业务推展上无大谬误，却往往会造成不良风气。有鉴于此，主管不可使下属有怠惰心态，应当用一些话语婉拒下属所托，否则，尔后必接二连三地发生这种事情，给工作造成影响。

4. 批评同事要点到为止

当同事或上司犯错时，我们一般不会去干涉。为什么呢？因为你可能曾经这样做过，结果则是你做了努力却引火烧身。接受帮助者可能变得非常生气，也可能通过揭你的伤疤来回应你。于是你宁可维护这种缓和气氛的关系，再也不提这种引起对方不快的话题。

也许你仍然认为最常见的推动力就是批评，但从过去的经验中你知道，批评不是总能被很好地接受。于是你尽量去提一些"建设性的批评意见"，但是"建设性"与"破坏性"通常是没有明确分界点的，或者说我们很难把握得当。但如果你不愿意三缄其口，又不可能轻易放弃与你的同事、上司在一起工作，你就需要用不同的方法来实现你的目的。

一是鼓励以提高他们士气，对别人的努力表示感谢或赞同。因为你的目标是影响同事对工作的看法，使他们能更努力地工作。你希望能使他们对处理复杂的任务充满自信，使他们充满热情地去迎接每天的工作，使他们能获得成绩而感到高兴。这样他们就会更努力地工作，更愿意在这个团体中，也更想做好工作。

二是帮助提高他们的技能，给他一些建议或指导，这些建议要关注于人的表现而不是评判这个人。在这里，你的目标是帮助你的同事表现得更有能力。你希望他们从实践中学到东西，以便以后干得更好。你不应强迫你的同事去做这些事情。他们应自主自己的行为，你的目标只是为他们出主意和建议，以让他们能够从中选择采纳。

如果直接的批评不妥当，那么不妨想一些婉转的办法，这样更容易达成目标。

5. 批评老板要点到为止

当然，老板也有说错话的时候，因为老板毕竟也是人，不是神。至于这时你该怎么办，当然没有一个一成不变的处理模式，要看老板的脾气秉性、说错话的场合、说的错话可能造成的影响等诸方面的因素来决定你该采取的方法，当然，你在公司里的地位及与老板的关系也是你应该考虑的因素。

如果老板说错了话，而这些错话并不影响你的利益以及你所负责的工作，你都可以采取"装聋作哑"的方法，即装作没听见或没听明白。这是一种揣着明白装糊涂的办法，它可以让你避免一些是非，也避免让老板处于尴尬和困窘的地位。

但是如果你决定不再"装聋作哑"了，那么就有些原则必须遵守。

在批评老板之前，先要从对方的角度想想，为什么他要那样做。有时候，对方可能是有难言的苦衷，没有办法，然而又不愿向别人透露隐情。在此种情况下，就应该以关心代替批评。这样会使对方更容易接受。

每个人都喜欢听赞美的话，如果这种话是当众听到的，就会更加觉得有面子。反之，有关批评的话要私下说，这样除了能照顾到对方的面子外，对本身的形象也会产生好的影响。当众赞美，私下批评，这看起来有点像搞"两面三刀"，实际上并非如此，这样做和那种表面一套、背地一套的人，有本质上的不同。

永远别说"你错了" ◀◀◀

我们生活在这个世界上，不仅是为了收获某些成果，也是为了收获好心情。

无论别人指责我们的错误，还是我们指责别人的错误，都对好心情没有好处。

既然如此，我们没有必要执著于对或错，不如圆滑一点，按照对事情和心情最有好处的方式来做。

四千年前，古埃及阿克图国王在一次酒宴中对他的儿子说："圆滑一点。它可使你予求予取。"

换句话说，不要对别人的错误过于敏感，不要执著于所谓正确的意见，不要轻易刺激任何人。

如果你要使别人同意你，应当牢记的一句话就是："尊重别人的意见，永远别说你错了。"

在人际交往中，破坏力最强的莫过于这三个字：你错了。它通常不会造成任何好的效果，只会带来一场不快、一场争吵，甚至能使朋友变成对手，使情人变成怨偶。跟别人相处的时候，我们要记住，和我们来往的不是度量不凡的超人，更不是修炼到家的圣人。和我们来往的都是感情丰富的常人，甚至是充满偏见、傲慢和虚荣的怪人。超人和圣人能够虚怀若谷地对待别人的批评，但常人不能，怪人更不能。所以，当我们想说"你错了"时，应该明白，对方十有八九不会虚怀若谷地接受。就像我们自己不会虚怀若谷地接受别人"你错了"的评价一样。

一个人说错话或做错事，总是有原因的，所以我们即使明知自己错了，也会强调客观原因，认为错得有理。

当我们犯了错误时，并非意识不到犯了错误，只是顽固地不肯承认而已。所以，当你对一个人说"你错了"时，必然撞在他固执的墙上。

比如，有一位先生，请一位室内设计师为他的居所布置一些窗帘。当账单送来时，他大吃一惊，意识到在价钱上吃了很大的亏。

过了几天，一位朋友来看他，问起那些窗帘时，说："什么？太过分了。我

看他占了你的便宜。"

这位先生却不肯承认自己做了一桩错误的交易，他辩解说："一分钱一分货，贵有贵的价值，你不可能用便宜的价钱买到高品质又有艺术品位的东西……"

结果，他们为此事争论了一个下午，最后不欢而散。

不论我们用什么方式说"你错了"，不论是一句话，一个眼神，一种说话的声调，一个手势，只要让他听出或看出"你错了"的意思，他就绝不会有好脸色给你！因为你直接打击了他的智慧、判断力、荣耀和自尊心。只会使他想反击，但决不会使他改变心意。即使你搬出孔子或柏拉图理论，也改变不了他的成见，因为你伤了他的感情。

永远不要这样做：你的确错了，不信我证明给你看。这等于是说："我比你更聪明。我要告诉你一些事，使你改变看法。"

假如对方真的错了，你必须让他承认并纠正错误，也应该回避"你错了"或类似的词语。你有必要运用一些技巧，使对方察觉不到"你错了"这三个字。正如一位哲人所说："必须用若无实有的方式教导别人，提醒他不知道的好像是他忘记的。"

有一位先生，花3天时间写了一篇演讲稿，他认真地撰写、修改并润色，其精心程度绝不亚于鲁迅或朱自清写一篇文章——据说鲁迅写完一篇文章后，通常要改7遍，而朱自清每天只写500字。

这位先生认为演讲稿写得十分到位，得意地读给妻子听。妻子认为这篇演讲稿写得并不出色。但她没有说："你写得太差劲了，都是老生常谈，别人听了一定会打瞌睡的！"

她说："如果这篇文章是投给报社的话，肯定算得上是一篇佳作。"换句话说，她在赞美的同时巧妙地表达出它并不适合演讲。丈夫听懂了其间的含义，立即撕碎了精心准备的手稿，并决定重写。

伟大的心理学家席勒说："我们极希望获得别人的赞扬，同样地，我们也极为害怕别人的指责。"

既然如此，在我们觉得需要说"你错了"时，要用最大的耐心和最大的智慧，将"你错了"三个字重新咽回自己的肚子里。

没有多少人能够正视别人的批评，大人物不能，小人物更不能。